L'AMI
DE
LA SOCIÉTÉ.

1784.

L'AMI

DE

LA SOCIÉTE,

SUIVI

DE L'ÉLOGE DE SUGER,

Par M. l'Abbé Percheron,

Professeur au Collège Royal de Chartres.

Soyez gais, & l'Univers est à Vous.

A PHILADELPHIE;

Et se trouve,

A PARIS,

Chez SAVOYE, Libraire, rue Saint-Jacques.

M. DCC. LXXXIV.

A

MADEMOISELLE
DE
LUXEMBOURG.

MADEMOISELLE,

QUAND on peut être l'objet
d'un eloge, dans un âge tendre, quel
heureux préfage pour l'avenir! Votre
vertueufe Mere reconnoît déjà en vous
les traits qui la caractérifent. Vous
prouvez déjà, par l'élévation de votre
ame & la nobleffe de vos fentimens,
que le fang des Héros coule dans vos
veines. La gaieté prête encore de

nouveaux charmes aux belles qualités dont vous êtes douée. L'Ami de la Société peut-il paroître sous des auspices plus favorables ? Les principes qu'il renferme, sont gravés dans votre cœur : ils n'attendent, pour se développer, que le moment où vous prendrez votre place dans le monde. Je serai trop heureux si, dans ce temps-là, vous daignez jetter vos regards sur cette foible production, & agréer les sentimens de respect, avec lesquels j'ai l'honneur d'être,

MADEMOISELLE,

Votre très-humble & très-
obéissant Serviteur
PERCHERON.

TABLE
DES PIÈCES

Contenues dans ce Volume.

Fin de la Table.

DISCOURS

DISCOURS
SUR
L'ESPRIT DE SOCIÉTÉ.

La Société n'est pas seulement fondée sur les besoins physiques. Les hommes ne sont pas seulement des arbrisseaux qui s'appuient les uns les autres pour résister à la tempête : ils ne se sont pas réunis simplement pour se procurer la subsistance, ou pour se soulager dans les maux & les infirmités auxquelles notre foible nature est exposée. Il est un rapport moral entr'eux, fondé sur les besoins du cœur qui aime à s'épancher, à déposer dans le sein de ses semblables ses sentimens & ses affections, à se reposer dans quelque objet ; sur les besoins de l'esprit qui aime à communiquer ses pensées & ses réflexions, à étendre ses connoissances, à s'enrichir des lumieres des autres : or ce commerce d'idées & de sentimens, qui fait toute la douceur & tout le charme de la vie, ne peut subsister sans l'esprit de société.

A

Quel est donc cet esprit? est-ce cette politesse qui se borne à des discours miellés, à de vaines démonstrations d'amitié? est-ce cet air important qu'on porte aujourd'hui dans les cercles, ce ton tranchant & décisif qui n'annonce que de la fatuité, cette manie de disserter, de raisonner sur tout, de réduire tout en problêmes, qui ne convient qu'à un esprit faux & superficiel, ou à un esprit séduit par un cœur corrompu? est-ce ce talent de débiter gravement des riens, ce ton de persifflage qui domine aujourd'hui dans les conversations? L'esprit de société se montre sous de plus heureux auspices. C'est l'art de se mettre à l'unisson de tous les esprits & de tous les caracteres; c'est ce discernement délicat des convenances, ce talent de s'abaisser & de s'élever à propos, d'observer les usages & les bienséances sans en être esclave; c'est cette politesse du cœur qui ne respire que l'union & la concorde.

Quels sont les obstacles que les hommes opposent à cet esprit de société? l'égoïsme, la hauteur dans les procédés, l'opiniâtreté dans les sentimens, trop de rigueur dans la défense de ses droits, trop d'âpreté dans l'humeur, la rivalité qui regne entre les différentes conditions qui partagent la société, le penchant pour la satyre. Développons d'abord ce qui constitue l'esprit de société,

& cette opération nous conduira naturellement au tableau des obſtacles que les
hommes y oppoſent.

Les hommes, en ſe réuniſſant en corps
de ſociété, ne ſont pas convenus ſûrement
de changer de nature. La premiere loi qu'ils
ont dû établir, c'eſt l'indulgence & la complaiſance mutuelle. Ainſi, traiter avec eux
comme avec des êtres remplis d'imperfections, s'élever au-deſſus de mille petiteſſes,
mille tracaſſeries, mille procédés peu juſtes
ou peu raiſonnables, qui ſont inévitables dans
le monde, voilà le véritable eſprit de ſociété.
On doit ſe convaincre, quand on y entre,
que les caractéres ſont mêlés, qu'on n'y
trouve pas toujours de l'or. Il faut cependant que ce mêlange d'eſprits, d'humeurs
& de caractéres ſe fonde & ſe lie enſemble, & forme un ſeul corps. Qu'eſt-ce qui
cimente cette union? c'eſt l'eſprit de ſociété.

En appuyant plus ſur les bonnes qualités
que ſur les défauts, en n'exigeant pas d'eux
trop de perfection, on fait contribuer tous
les hommes à l'agrément de la vie ſociale.
Ne conſidérons jamais nos ſemblables que
ſous leur plus beau point de vue, & nous
nous accoutumerons à les regarder comme
parfaits, ou du moins leurs défauts & leurs
imperfections feront ſur nous moins de ſen-
ſation. C'eſt dans l'ordre de la nature, c'eſt
notre intérêt propre. Ne portons-nous pas

A ij

tous des défauts & des imperfections dans la société ? Sommes-nous toujours exacts & raisonnables dans nos procédés ? Qui est-ce qui peut se glorifier de n'avoir choqué ni offensé personne, de n'avoir pas payé le tribut à l'humanité par quelques travers, quelque ridicule ou quelque singularité ?

Vous qui êtes si intolérans, vous qui semblez avoir fait schisme avec tout le genre humain, sondez un peu votre cœur, & vous trouverez bientôt en vous le germe de tous les défauts que vous appercevez dans les autres.

Vous dont la vertu présomptueuse ne croit jamais donner dans l'excès, qui finissez toujours par la passion après avoir commencé par la raison, soyez plus indulgens à l'égard des autres, apprenez que nous sommes tous intéressés plus ou moins à cette conduite modérée. Ah ! s'il faut se traiter avec rigueur, c'est vous qu'il faut exclure les premiers du commerce de la vie. . .

Quel avantage ne résulteroit-il pas de cette indulgence mutuelle ? Chaque individu, en se voyant estimé & considéré au-delà de ses prétentions, contracteroit l'obligation de devenir plus parfait. Son caractere s'éleveroit, son ame s'aggrandiroit, cette fierté naturelle qui rougit de rester au-dessous de l'opinion que l'on a conçue de nous, le mettroit en garde contre lui-même,

Un autre avantage non moins précieux, c'est que personne ne seroit tenté d'y jouer un rôle opposé à son caractere, de briller par des qualités étrangeres. Il ne craindroit point de se montrer avec la physionomie qui lui est propre. La seule censure qu'il auroit à redouter, ce seroit l'exemple des hommes plus parfaits que lui ; mais cette censure muette, loin de l'humilier, l'encourageroit au contraire à les imiter. Eh ! pourquoi seroit - il obligé de forcer son caractere, d'introduire dans les mœurs un nouveau genre de plagiat aussi méprisable pour le moins que celui du parnasse, & souvent plus facile à distinguer ?.... On n'exigeroit de lui que le tribut qu'il peut payer à la société. La sphere qu'il auroit à parcourir ne seroit pas au-dessus de son essor. S'il paroissoit parmi ses semblables, il ne seroit obligé de se donner que pour ce qu'il est. Perfectionnez votre caractere, mais n'en sortez jamais ; voilà ce que l'esprit de société exige. . . C'est ainsi que chacun est à sa place ; c'est ainsi que chacun plaît & contribue à l'agrément de la société. Dans une compagnie où regne cet esprit , les humeurs les plus insociables prennent leur place sans en troubler l'ordre pourvu qu'elles n'y portent pas cet esprit de domination qui est le fléau de la vie sociale. Vous y voyez contraster agréablement tous les

efprits, tous les caracteres ; la douceur des
uns corrige l'âpreté des autres ; le flegme
du bon fens & du jugement y tempere la
vivacité de l'imagination ; l'homme à talens
n'y montre point fa fupériorité ; trop fenfible
& trop délicat lui-même fur l'article de
l'amour-propre, pour mortifier celui des
autres, il fe met à leur niveau ; fon talent
confifte alors à cacher ceux dont il eft
doué...

Cet art de fe mettre à l'uniffon de tous
les efprits & de tous les caracteres fuppofe
le difcernement délicat des convenances,
le talent de s'abaiffer & de s'élever à propos, d'obferver les ufages & les bienféances
fans en être efclave. Pour bien jouir de la
fociété, pour en faire les délices, il ne faut
pas être trop délicat fur le choix des perfonnes qu'on fréquente ; il ne faut être
déplacé nulle part. On ne voit pas toujours
fes fupérieurs ni fes égaux ; on fe trouve
quelquefois confondu avec ceux qui occupent les claffes inférieures de la fociété, &
il feroit à fouhaiter que ce mêlange fût
plus fréquent....

Comment ! ce peuple qu'on dédaigne
avec tant de fierté, qui paroît condamné
au travail & à l'obfcurité, faut-il donc
l'exclure de la fociété, parce qu'il n'a pas
cette politeffe ni cette urbanité que vous
portez dans les cercles ? Faut-il l'exclure de

la société parce qu'il n'eſt pas auſſi raffiné
ſur les bienſéances, parce qu'il n'a pas cet
air maniéré, ce ton de converſation que
vous exigez? Ah! il nous en dédommage
bien par cette franchiſe, par ce naturel &
cette naïveté dont les charmes ſont ſi
touchans. . . . Elevez tant que vous le voudrez un mur de ſéparation entre vous & la
multitude; donnez tout l'éclat & tout l'àp-
pareil que vous voudrez à vos amuſemens,
il faut toujours que vous deſcendiez juſqu'à elle pour jouir des plaiſirs les plus
purs. Ses fêtes champêtres ſeront toujours
ſupérieures à celles de la Cour. . . . N'eſt-ce
pas dans les fêtes publiques, dans ces fêtes
où les citoyens de tout rang & de toute
condition ſont réunis, & partagent les
mêmes plaiſirs, qu'on ſe livre à la joie &
à la ſatisfaction la plus vive? Qu'eſt-ce qui
nous plaît le plus, qu'eſt-ce qui nous flatte
le plus dans ces jours d'alégreſſe? N'eſt-ce
pas ce mêlange, cette confuſion, ce tableau
de l'égalité primitive qu'on y remarque?
N'eſt-ce pas cet air de liberté qu'on y
reſpire? Rien ne prouve d'une maniere plus
ſenſible qu'on ne doit point ſe claſſer dans
la ſociété avec autant de rigueur qu'on le fait
ordinairement, qu'il doit y avoir une ligne
de communication entre les rangs qui la
partagent. . .

Le caractere le plus propre pour la vie

sociale, c'est donc celui de ces hommes qui ont l'heureux talent d'être petits avec les petits, & grands avec les grands. Semblables à un instrument flexible qui se prête à tous les tons, vous les voyez descendre & s'élever, sans changer de caractère. Ils savent se familiariser avec décence, & représenter sans morgue & sans hauteur..... qu'ils se mêlent avec le peuple ; ils y portent cette franchise, cette candeur, cette ingénuité qui le caractérise. Si la noblesse de leurs sentiments & la politesse de leurs manieres ne les trahissoit pas de temps en temps, on les rangeroit volontiers dans cette classe de citoyens, leur conversation est aussi simple alors que celle du peuple : ils sourient à ses propos naïfs ; ils partagent ses plaisirs, & y contribuent eux-mêmes avec autant d'aisance que s'ils avoient toujours vécu avec lui. S'élevent-ils à leur hauteur ordinaire ? Paroissent-ils dans des cercles plus distingués ? c'est la même aisance. Leurs manières s'ennoblissent, leur conversation s'élève, leur politesse & leur grand usage du monde se déploie dans tout son éclat. Comme leur grandeur tient plus à l'élévation de l'ame & à la noblesse des sentiments qu'aux titres & aux prééminences ; elle se montre toujours sans appareil & sans ostentation....

L'esprit de société, en nous apprenant à nous communiquer avec nos inférieurs, nous apprend en même temps à obferver les ufages & les bienféances. Comme tous les hommes font faits pour fe voir , pour converfer & pour vivre les uns avec les au-tres , il eft un ton de fociété qui convient à tous les rangs , qui tient le milieu entre une liberté & une familiarité indécente , & une gravité & un cérémonial qui ennuie. On peut fe ménager réciproquement , fans être efclave de l'étiquette : il faut des égards dans la fociété ; mais il n'y faut point d'en-traves..... Il y a une politeffe aifée qui fem-ble née avec nous , qui nous donne un air liant & communicatif , qui eft la franchife même , qui répand un charme fecret fur tous nos difcours & toutes nos actions. Pouffez-la trop loin ; vous tombez dans la fadeur.

Voit-on des hommes plus infupportables que ces complaifants de profeffion, que ces hommes qui font tout en compliments & en révérences ? Ne préféreroit-on pas vo-lontiers la rufticité à leur ton patelin & doucereux ? Pour moi, je les compare à ces fruits qui font fi doux, qu'ils en font fades.

On rencontre encore dans la fociété des hommes pointilleux fur le cérémonial, ef-claves de l'étiquette. Il faudroit volontiers avant que de les aborder , des préliminaires comme dans les traités entre les têtes cou-ronnées. Ne met-on pas déjà affez d'obfta-

A v

ches à la vie fociale, fans l'affujettir à des loix auffi rigoureufes ? Aplaniffons toujours la route, arrachons-en les épines, & n'y femons que des fleurs.

Quoique les hommes ne fe raffemblent dans les compagnies que pour fe délaffer de leurs fonctions, on doit y porter cependant la gravité de fon état jufqu'à un certain point. On ne doit pas y oublier qu'on eft homme public. Il faut par conféquent s'y refpecter foi-même, & fe faire refpecter des autres fans fierté. N'eft-il pas indécent de voir ce magiftrat, qui vient de décider de ma fortune, de ma vie ou de mon honneur, jouer le rôle de petit-maître, en copier les travers & les ridicules, être auffi vain & auffi indifcret dans fes difcours, auffi impertinent dans fon ton & fes manières ? Peut-on regarder fans mépris ce Miniftre des Autels qui vient de tonner contre le vice, qui vient de peindre la corruption des mœurs fous les couleurs les plus noires, & qui, tranfporté dans la fociété, devient l'apôtre du luxe & de la volupté ?

Ces bienféances d'état que nous devons refpecter dans nous-mêmes, l'efprit de fociété nous fait une loi de les ménager dans les autres. Ainfi, fe permettre devant les Miniftres de la Religion, ou devant les dépofitaires des Lois, des farcafmes contre le culte ou contre le Gouvernement, n'eft-ce pas les forcer de reprendre toute la gravité de leur état ? N'eft-ce pas les priver des agréments de la fociété ? N'eft-ce pas les en exclure même ? Il y a des matières trop férieufes & trop importantes pour être difcutées dans les converfations, parce qu'on n'y approfondit rien, parce qu'on n'y porte que de l'opiniâtreté & de la préfomption..... Auffi y voit-on rarement quelque queftion férieufe bien éclaircie : la marche en eft trop irréguliere, parce qu'on y donne plus à l'imagination qu'au jugement. Si vous voulez réfléchir, enfeveliffez-vous dans le cabinet. Le filence qui y règne, invite à la réflexion : on ne fe voit pas dans les cercles pour differter ; cet efprit de difcuffion en bannit cet enjouement honnête qui en eft l'ame.....

Dans notre gaieté, ne nous déridons jamais le front aux dépens de la Religion & des mœurs. Au milieu des plaifirs, refpectons toujours ce qui eft refpectable. Si cette maxime étoit bien obfervée, verroit-on circuler auffi fouvent dans les converfations le paradoxe, ou l'équivoque, ou la froide plaifanterie ? La pudeur auroit-elle à rougir de tant de difcours licencieux ? Seroit-on forcé d'être armé fans ceffe de l'argument pour repouffer les attaques de ces efprits fi habiles à élever des doutes, & fi peu difpofés à les éclaircir, fi difficiles & fi intraitables fur l'article de la conviction ?.....

A vj

Tout ce que nous venons de dire de l'esprit de société, n'en est que l'écorce. Son principal caractère, c'est d'être pacifique, obligeant, doux & modéré dans ses procédés. Les Lois veillent à la sûreté du citoyen, & à la conservation de sa propriété : mais il est une loi de bienséance, si j'ose m'exprimer ainsi, que les hommes se font imposée à eux-mêmes. Celle-ci règle les manieres, les procédés & les discours. Les premieres n'envisagent que le corps de la société en général. La seconde en embrasse les détails. Ses soins & son attention se portent sur chaque corps en particulier, sur chaque individu même. Ne point troubler l'ordre public, ce n'est que la partie extérieure de la vie sociale. Il est une société plus étroite & plus intime entre les hommes, c'est la politesse qui la maintient, par l'aménité qu'elle répand dans le commerce de la vie, par cette bienveillance réciproque qui en doit former sur-tout le caractere.

Comme les hommes ne s'enchaînent les uns aux autres que par les services mutuels, l'esprit de société doit être sur-tout dans le cœur : son empire doit être fondé sur les bienfaits. Combien de personnes auroient l'esprit de société, si l'on en jugeoit par les dehors ! Ce n'est pas la politesse qui nous manque : nous en donnons des leçons aux autres peuples; c'est souvent la cordialité.

Tel paroît un modèle de douceur & de complaifance dans la vie civile, qui, rentré dans fon domeftique, redevient le fléau & le tyran de fa famille ; ou qui, dans les affaires, n'eft plus qu'un homme épineux, hériffé de difficultés. Sa complaifance eft donc l'ouvrage de l'amour-propre ou de l'intérêt.

Envain me prodiguez-vous les compliments, les careffes : envain montrez-vous pour moi la plus grande complaifance : fi vous êtes totalement froid fur mes intérêts, fi le plus léger facrifice eft un tourment pour vous, vous ne méritez pas le titre d'homme de fociété, dont vous paroiffez fi jaloux : vous n'êtes plus à mes yeux qu'un charlatan qui veut abufer de ma franchife & de ma bonne-foi.....

Nous n'exigeons pas de vous, pourroit-on dire ici à ces perfonnes qui fe piquent de politeffe, & d'un grand ufage du monde, nous n'exigeons pas de vous tant de raffinement fur les bienféances. Eh ! laiffez-là ces vaines démonftrations, ces expreffions exagérées, ce commerce d'adulation & de menfonge. Ce que nous vous demandons, c'eft un cœur fenfible, c'eft un cœur difpofé à nous obliger, c'eft un cœur qui regarde ce devoir comme facré, toutes les fois que l'occafion s'en préfente. Ce que nous vous demandons, c'eft de la franchife, c'eft de la

modération dans les procédés , c'eſt de la
probité, c'eſt de la droiture dans la diſcuſ-
ſion de vos intérêts. Vous portez dans les
cercles trop de diſſimulation : il ſemble que
la politique y ſoit de convention. A l'air
froid & réſervé qui y règne , n'eſt-on pas
en droit de conclure qu'on y eſt comme
dans un pays ennemi, qu'on ne s'y ménage
que par intérêt ou par crainte ? Ah ! la
douceur de l'eſprit de ſociété n'eſt pas une
douceur affectée , une douceur apparente,
& de pure bienſéance : elle eſt dans le cœur ,
elle eſt fondée ſur l'affection qu'on a pour
ſon ſemblable. Si elle montre un viſage
d'ami , c'eſt qu'elle en a les. ſentimens.......
Toutes ſes paroles en ſont les fidèles inter-
prêtes. Loin d'ici ces expreſſions dures ou
offenſantes , qui ſont le langage de la haîne
ou du mépris. L'eſprit de ſociété ne donne
point d'aliment à la diſcorde. Il ſait trop
bien pardonner ou excuſer les fautes : ce
qu'il ne peut juſtifier , il le tolère. Convaincu
que les hommes ſont au moins auſſi ſenſibles
à la conſidération qu'on leur montre , qu'aux
ſervices & aux bienfaits, il nous inſpire ſur-
tout beaucoup d'eſtime pour nos ſemblables ;
& en effet, qui eſt-ce qui trouble le repos ?
Qui eſt-ce qui altère la douceur du commerce
de la vie ? N'eſt-ce pas ordinairement le
peu d'égards, le peu de conſidération qu'on
a les uns pour les autres ? On met trop de

diftance entre un homme & un autre homme.
Un coup-d'œil fur les obftacles que les
hommes oppofent à l'efprit de fociété, va
nous en fournir la preuve.

L'homme ne peut vivre fans fon femblable, & cependant il eft fans ceffe en
divorce avec lui ; au lieu de refferrer les
liens qui nous uniffent les uns aux autres,
il ne paroît occupé qu'à les brifer. On n'entend de tout côté que reproches, que plaintes réciproques. Partout où l'on porte fes
pas, on voit quelque femence de difcorde.
Les mots faftueux d'humanité, de bienfaifance, de fociété, font à la vérité dans toutes les bouches. On étale de grands fentimens, on fe pique de délicateffe dans les
procédés ; mais qu'il y a encore loin de
cette vaine oftentation à l'efprit de fociété !
Sous ces dehors impofans, on ne cache que
trop fouvent l'égoïfme, la hauteur dans les
procédés, l'opiniâtreté dans les fentimens,
trop de rigueur dans la défenfe de fes droits,
trop d'âpreté dans l'humeur. Les différentes
conditions qui partagent la fociété, n'en font
pas moins oppofées les unes aux autres. On
n'en eft pas moins occupé à aiguifer les traits
de la fatyre.

Quand on n'aime que foi, quand on ne
voit que foi dans la fociété, peut-on y porter cette complaifance pour les autres, cette
aménité dans le commerce de la vie, ce

caractere obligeant qui conftitue l'efprit de
fociété ! il faut faire alors des facrifices , il
faut plier fon humeur & fon caractere ; &
l'égoïfte ne connoît pas les privations ; combattre fes penchans , fe gêner pour les autres , ce feroit un tourment pour lui. Pour
être bienfaifant , il faut de la fenfibilité ; &
l'égoïfte eft cet homme dont le cœur eft
entouré d'un triple airain , pour me fervir
de l'expreffion d'un ancien Poëte. C'eft un
membre ifolé dans la fociété , qui ne lui
paie fon tribut que forcément , qui n'en
adopte les ufages & les bienféances qu'autant qu'ils s'accordent avec fon fyftême de
jouiffance exclufive. Sa politeffe eft toujours
politique & intéreffée , comme dans les
Cours des Princes où tout n'eft qu'en furface. C'eft-là fur-tout , c'eft chez les hommes
de plaifir , c'eft chez les hommes vendus à
l'intérêt , qu'on voit dominer ce caractere
odieux. Il en eft de l'homme perfonnel
comme du defpote. Comme celui-ci penfe
que la nation fur laquelle il régne ou plutôt qu'il tyrannife , eft faite pour lui feul ;
de même celui-là rapporte tout à foi , &
regarde les autres hommes comme les tribu-
taires de fes befoins & de fes plaifirs.

Un homme de ce caractere fe conduit
ordinairement avec hauteur ; nouvel obftacle à l'efprit de fociété. Si jamais l'égalité
doit régner , c'eft lorfqu'on fe réunit pour

partager les mêmes plaisirs, pour jouir des agrémens de la vie sociale. On doit déposer alors ses titres & ses prétentions.

Hommes en place, on vous doit le respect & la soumission dans l'exercice de vos fonctions. La subordination est alors un devoir : mais, dans la vie privée, nous marchons tous d'un pas égal. Si vous voulez porter le sceptre jusques dans nos cercles, si vous exigez par-tout nos hommages, n'y paroissez jamais, vous en troubleriez l'harmonie. On ne dicte point d'arrêts dans la société, on n'y donne point d'audiences publiques : vous attachez la plus haute considération & la plus grande importance à vos charges & à vos emplois ; mais savez-vous que le plus beau de vos titres, c'est celui d'homme ; & vous l'avilissez sans cesse dans vos inférieurs. Savez-vous que cet individu que vous traitez avec tant de dédain, parce qu'il est placé dans un rang obscur, conserve toujours le sentiment de sa dignité personnelle malgré tous les efforts que vous faites pour le dégrader ? savez-vous que vous lui devez des égards . . . . . L'homme environné de la majesté du trône, ne doit jamais oublier qu'il commande à ses semblables . . . . s'il veut être adoré de ses sujets, il faut qu'il se rapproche d'eux par la popularité ; l'affabilité est alors un hommage que le pouvoir suprême rend à l'humanité . . . . & vous , homme haut & infociable , vous repoussez sans cessé vos semblables par vos dédains : qui eft-ce qui vous diſtingue donc tant de ce peuple que vous traitez avec mépris ? font-ce vos titres ? eh ! ces titres que vous étalez avec tant d'oftentation , fuppofent en vous un mérite que fouvent vous n'avez pas. Eft-ce votre opulence ? eh ! l'homme qui fait mettre des bornes à fes befoins , eft plus riche que vous. Eft-ce la nobleffe de vos fentimens ? la grandeur d'ame s'allie tous les jours avec la bonté & l'humanité , mais jamais avec la ..auteur & la dureté. Ah ! fi on faifoit revivre parmi nous cette fête des anciens Romains , qui nous retraçoit l'image de l'âge d'or , combien d'hommes qui ne font occupés qu'à humilier les autres , feroient humiliés à leur tour ! que de reproches n'effuieroient-ils pas de la part de leurs inférieurs fur leur infolence & leur fierté ! on leur apprendroit alors les égards qu'ils doivent à l'humanité... oui , on ne fait prefque pas un pas dans la fociété fans s'y voir humilié ; & par qui ? le plus fouvent par des hommes qui n'ont aucun droit à l'eftime publique , qui n'ont pour eux que leurs titres & des avantages purement extérieurs, par des hommes qui dédaignent même de cultiver les talens qu'ils ont reçus de la nature. Soyez modefte & pacifique n'ayez

aucun titre, on vous écrase : il faut jouer
malgré soi le rôle d'important ; il faut opposer la morgue à la morgue, la hauteur à la
hauteur, si on veut trouver aujourd'hui sa
place dans la société . . . . vous voyez des
êtres, je ne leur donne pas le nom de pensans, ils n'en sont pas dignes, vous voyez
des êtres sur le front desquels la vanité est
peinte, qui portent la tête au vent, qui
foulent la terre d'un pied superbe, qui,
dans tout leur extérieur, outragent sans
cesse l'humanité. Il est étonnant qu'on porte
aussi loin la fierté malgré la politesse de nos
mœurs, malgré les efforts que la philosophie fait tous les jours pour combler l'intervalle que la différence des rangs met entre
les hommes. . . .

La hauteur est ordinairement accompa-
gnée de l'opiniâtreté dans les sentimens ;
on peut dire même que c'est-là son apanage : rien cependant de plus opposé à l'esprit de société. Ma pensée est à moi, je
conserve cette propriété jusques dans les
fers . . . ainsi, vouloir assujettir les autres à
son opinion, n'est-ce pas le despotisme le
plus intolérable ? n'est-ce pas détruire la
liberté qui est l'ame des conversations ? est-
il donc honteux de trouver de la raison
chez les autres ? tout le bon sens ne seroit-
il donc renfermé que dans quelques têtes
privilégiées ? Loin d'ici ce ton imposant,

cet air de supériorité qui semble commander le silence & l'admiration ; puisque la
conversation est un des principaux liens de la
société, on n'en doit exclure personne. On
fuit ces esprits qui sont toujours disposés à
contredire les autres, & qui ne peuvent
souffrir eux-mêmes la contradiction ; ces
personnes qui aiment à rassembler autour
d'elles un auditoire, à en être les oracles.
Il faut écouter tout ce qui sort de leur
bouche avec un respect religieux : s'ils prê-
tent l'oreille à ce que vous dites, c'est d'un
air si dédaigneux ; qu'on les en dispense-
roit volontiers. Cette fatuité régne plus ou
moins dans les cercles : en général, on se
passionne trop pour ses propres idées ; on
rougiroit presque de céder à la raison ; de-
là ces débats, ces contestations qui s'élèvent dans les compagnies ; de-là ces scènes
d'orgueil dont on est tous les jours témoin
dans la société. Qu'on y agite quelque question, voilà le signal du combat donné ; les
opinions se partagent, on s'anime les uns
les autres ; on parle avec feu ; & , après
avoir long-temps disputé sans rien décider ;
on finit par se piquer & s'insulter. ...

On n'est pas plus modéré dans la défense
de ses droits ; & c'est encore là une pomme
de discorde dans la société. Est-il question
d'intérêt ! voilà ces hommes qui paroissoient
si polis, si complaisans, armés les uns contre

les autres, tous les liens de la société sont rompus ; la voix du sang est étouffée ; on ne voit plus qu'un ennemi dans son semblable ; ses talens, ses qualités disparoissent à nos yeux ; on lui refuse même ces égards qu'on doit à tous les hommes en général ; on lui interdiroit volontiers le feu & l'eau ; faut-il faire la moindre démarche, le plus léger sacrifice pour se concilier, pour se rapprocher ? on ne s'y prête qu'avec la plus grande répugnance, on aime mieux se donner en spectacle, rendre le public témoin de ses querelles ; c'est bien plus glorieux que de donner l'exemple de la modération à ses adversaires ; ne faut-il pas se rendre redoutable ? ne faut-il pas satisfaire son ressentiment & sa passion ?... Est-ce donc là l'esprit de société ? n'est-elle donc plus qu'un champ de bataille où il faut toujours livrer des combats ? ah ! si jamais il est permis de faire retentir les Tribunaux de nos plaintes, c'est quand on touche à notre honneur. La moindre atteinte portée à la réputation, si elle a des suites, peut & doit être même soumise à la sévérité des Loix : mais on doit se relâcher souvent sur des intérêts temporels, pour le bien de la paix, parce qu'on peut vivre sans fortune, mais on ne doit jamais vivre sans honneur...

L'humeur est encore un germe de division dans la vie sociale. On voit tous les

jours des perfonnes très-eftimables , d'ailleurs, douées d'un caractère bienfaifant ,
qui vous font payer par mille retours de
caprice leurs fervices & leurs bienfaits. Combien de perfonnes qui combattent avec fuccès leurs penchans & qui ne peuvent triompher de leur humeur, qui ne font pas même
le moindre effort pour la réprimer ! On fe
croit juftifié dès l'inftant qu'on peut la rendre
complice de l'irrégularité de fes procédés. Il
femble qu'on ait acquis le droit de faire fouffrir les autres, par fes titres, fes talens &
fes vertus.

Dans les premiers ordres de l'état , ne
voit-on pas tous les jours à côté de l'élévation de l'ame & de la nobleffe des fentimens, les caprices , l'humeur, les fantai-
fies ? N'y fait-on pas fentir trop fréquemment le poids de la fubordination à fes inférieurs par fes vivacités , fes impatiences ?
L'homme de lettres , lui-même, qui prêche
fans ceffe la paix, l'union & la concorde,
qui eft en poffeffion de dire des vérités à
fon fiècle, porte-t-il toujours dans la fociété
ce caractère liant & communicatif, cette
foupleffe dans l'efprit que fon commerce
exige ? Ne pourroit-on pas lui reprocher
affez fouvent trop d'âpreté dans l'humeur,
trop d'inflexibilité dans les idées , fi j'ofe
m'exprimer ainfi ? Ne pourroit - on pas lui
reprocher de ne pas voir affez fes fem-

blables, & de ne les pas affez eftimer ? Et n'eft-ce pas là ce qui le rend fi peu indùlgent fur leurs foiblefses ? Si l'humeur conduit quelquefois fa plume, s'il peint quelquefois les objets fous des couleurs trop noires, il doit s'en prendre à l'infociabilité de fon caractère.

O vous qui vous laiffez dominer par l'humeur, vous qui êtes fi prompts à vous aigrir & à vous enflammer, avez-vous jamais fait réflexion que toutes les fois que vous vous y abandonnez, ce font autant de momens que vous dérobez à votre exiftence, que vous combattez directement le penchant que la nature nous a infpiré pour notre bien-être, que vous forcez fouvent ceux qui font dans la dure néceffité de vivre avec vous, à vous haïr, à vous détefter, à ne foupirer qu'après leur féparation ? Avez-vous jamais fait réflexion que l'humeur obfcurcit l'éclat des talens, ternit la beauté des plus rares qualités ? Domptez-la, ou renoncez à la fociété pour laquelle vous n'êtes pas faits. C'eft un fardeau dont vous la délivrerez.

L'homme qui devroit être fans cefse occupé à adoucir les maux de la vie, l'homme dont les beaux jours font fi rares, multiplie encore les obftacles qui s'oppofent à fon bien-être. Non content de ceux qui naiffent de fon propre fond, il faut encore que le préjugé vienne troubler fon repos. Il regne,

entre les différens états qui partagent la fociété, une rivalité qui, au lieu de faire
naître l'émulation, ne produit que des préjugés de corps & des antipathies qui font
autant d'obftacles à la vie fociale. A nous
voir agir, croiroit-on que nous nous ferions
réunis pour concourir mutuellement à notre
bonheur ?

Dans un rang élevé, on fe croit ordinairement né pour donner du luftre & de
l'éclat à une famille. Fier de fon élévation,
on écrafe le petit fous le poids de fon autorité. Il femble qu'il ne foit fait que pour
engraiffer notre faftueufe indolence de fes
fueurs & de fes travaux. Dans les ordres
inférieurs de la fociété un vil intérêt nous
domine & nous rétrécit l'ame. On eft toujours prêt à fecouer le joug de l'autorité.
On fe venge de la hauteur des grands par
la fatyre & l'efprit d'indépendance.

Parcourons maintenant tous les états &
toutes les conditions. C'eft le même efprit
de divifion. On n'y fait prefque pas un pas
pour fe rapprocher, pour fe réunir. Au contraire, on s'ifole autant qu'on le peut, &
on ne tient à la fociété que par néceffité.
Le Miniftre de la Religion ne voit qu'avec
défiance & circonfpection le dépofitaire des
loix. Le Défenfeur de la patrie fe croit fu-
périeur à ce dernier, & dédaigne fouvent
la fociété ; le Citoyen des villes regarde avec
mépris

mépris l'habitant des campagnes. La Capitale affecte un dédain marqué pour la Province, & y trouve à peine un être penſant. Le Commerçant met auſſi une diſtance trop grande entre lui & l'artiſan. La diſtinction humiliante de nobles & de roturiers ſemble former deux eſpèces d'hommes pétris d'un limon différent, & livre les bras de la ſociété au mépris d'un petit nombre de citoyens, qui ne doivent ordinairement tout leur luſtre qu'à la plus grande des calamités publiques, qu'à ce cruel fléau dont les hommes ſont en même temps, & les inſtrumens & les victimes. La naiſſance eſt un avantage réel & un titre d'honneur dans nos inſtitutions ſociales ; mais nous donne-t-elle le droit d'humilier nos ſemblables, de les exclure de notre ſociété ! Nous donne-t-elle le droit de perdre de vue l'égalité primitive ? Ceux qui en ſont privés, n'en dédommagent-ils pas ſouvent par l'éclat des talens, par la nobleſſe de l'ame & l'énergie du caractère, par la fidélité à leurs devoirs, & par des ſervices ſolides & conſtans ?

D'après ce tableau, il eſt aiſé de juger que les différens ordres de la ſociété ſont comme autant de corps iſolés qui ont chacun leurs ſentimens, leur manière de penſer, leur langage à part. Ce ſont autant de ſociétés particulieres qui ont chacune leur ton, leur politeſſe & leurs uſages. On y cher-

B

cheroit envain l'esprit de société. Comment peut-il s'allier avec la jaloufie qui y regne, avec la fatyre & la médifance qui en font le réfultat ?

On n'eft occupé qu'à fe décréditer, qu'à fe fupplanter, qu'à fe détruire les uns les autres ; & c'eft fouvent dans les profeffions les plus honorables, les plus importantes & les plus utiles à la fociété, dans celles où la réputation eft le tréfor le plus précieux, qu'elle eft moins ménagée, qu'elle eft moins refpectée. On s'y difpute la confiance publique avec une efpèce d'acharnement. On s'y obferve avec une curiofité maligne, avec un defir fecret de trouver les autres en défaut. Il femble que les conditions qui partagent la fociété, foient chargées de fe cenfurer mutuellement, tant on eft févere fur les obligations de ceux qui rempliffent des états différens des nôtres. Les hommes publics font fur-tout expofés à cet inconvénient. On eft inexorable à leur égard.

Eft-il étonnant après cela qu'on s'eftime fi peu, qu'on s'aime fi peu, qu'on foit fi peu difpofé à s'obliger réciproquement ? Ce qui me furprend, c'eft que les hommes foient encore réunis en fociété. Oui, on ne fe voit plus maintenant que par politique ou par intérêt. Si on partage les mêmes plaifirs & les mêmes amufemens, c'eft l'ennui qui nous chaffe alors de notre afyle. Un penchant naturel entraîne l'homme vers son semblable, & la satyre le repousse aussi-tôt. Pour se mettre à l'abri de ses traits , on imiteroit volontiers ces anciens Monarques de l'Orient, qui se tenoient renfermés dans l'intérieur de leur Palais , qui se montroient rarement à leurs peuples , afin d'être en plus grande vénération. Les hommes qu'on vóit le plus familièrement , deviennent dans la suite vos censeurs, vos délateurs, vos ennemis.

L'estime & la confiance réciproque, une fois détruite , peut-il y avoir de l'amitié & de la bienveillance parmi les hommes ? On se respecte trop soi-même pour s'attacher à des personnes qu'on a diffamées , ou dont on a rendu la conduite au moins suspecte ; & c'est là ce qui rend les liaisons solides & sinceres si rares parmi les hommes. L'amitié , ce don du Ciel qui nous console & nous soulage dans les tribulations inséparables de la vie humaine , l'amitié n'est plus qu'un vain nom. Médisans , vous l'avez exilée de la terre par votre humeur caustique. Vous avez établi une espèce d'inquisition dans les maisons de vos concitoyens, qui les force souvent de se concentrer en eux - mêmes, ou dans le sein de leur famille, de vivre dans une défiance continuelle; de-là, cette indifférence , cette insensibilité sur les maux d'autrui. Les langues médisantes , en nous prévenant les uns contre les autres , étouffent tout fentiment d'humanité. Qu'un homme foit malheureux, & qu'il foit en même temps flétri par ces ferpens domeftiques , s'empreffe t-on de le confoler, de le fecourir ? Voit-on même quelqu'un le plaindre, déplorer fon fort ? On irrite au contraire fa douleur, on aggrave fes peines, en publiant hautement qu'il les mérite.

Nos entrailles font déjà affez referrées par l'égoïfme, faut-il encore, efprits cauftiques, nous endurcir par vos difcours mordans & fatyriques ? L'intérêt qui nous domine , nous fournit déjà affez des prétextes pour nous difpenfer d'obliger & de foulager les autres? Faut-il encore autorifer notre dureté , en rendant l'homme méprifable à l'homme même ? Ah ! cruels, les liens qui uniffent les hommes , ne font déjà pas trop folides ; pourquoi vous occupez-vous donc fans ceffe à les brifer ? On ne fauroit trop prêcher aux hommes la paix , l'union & la concorde , parce qu'elles ne feront jamais parfaites entre eux. Pourquoi femez-vous donc fans ceffe la divifion & la difcorde ? Eft-ce que vous ne craignez pas que les traits que vous lancez fur les autres, ne retombent fur vousmêmes ? Tandis que la guerre eft allumée autour de vous, pouvez-vous vous flatter de jouir d'un repos que vous avez troublé ? Tandis que tout le monde eft fur le théâtre de la critique, croyez-vous que vous y jouerez toujours le rôle important de juges, malgré les défauts que vous portez dans la société ? Croyez-vous que tous les particuliers, que votre langue meurtriere a percés de ses traits, auront pour vous une indulgence que vous n'avez pour personne ? Non, non, cessez de vous abuser; on vous hait trop, on vous déteste trop, esprits caustiques, pour vous ménager dans l'occasion. C'est en vain que vous vous rendez redoutables par le dangereux talent d'aiguiser les traits de la satyre. On se sert de vos propres armes contre vous-mêmes, & on le fait avec d'autant plus de succès, que vous donnez ordinairement plus de prise à la critique que les autres.

Que la société nous offriroit un tableau bien plus digne d'elle, si le titre d'homme étoit aussi respectable à nos yeux qu'il doit l'être, si nous étions plus indulgens sur nos foiblesses reciproques, si nous étions moins indifférens les uns à l'égard des autres! Rapprochons-nous donc, autant que l'ordre public le permet, de l'égalité primitive. Ayons des égards, de la considération pour nos semblables dans tous les états, & cette guerre intestine qui nous arme les uns contre les autres, ne troublera plus notre repos, & cette censure trop sévere que nous exerçons les uns à l'égard des autres, sera réduite à ses justes bornes. Si l'inégalité des conditions est dans l'ordre de la société, l'homme n'a pas renoncé pour cela aux droits de la nature, à ces droits imprescriptibles qu'on doit respecter en lui, tant qu'il ne se dégrade pas par ses forfaits. Quoi donc ! cet homme qui mange un pain arrosé de ses sueurs, un pain souvent trempé dans ses larmes ; cet homme qui porte tout le poids de la chaleur & du jour, aura-t-il encore la douleur de se voir dédaigné, méprisé parce qu'il est malheureux ? Cette espèce de servitude dans laquelle la plupart des hommes sont nés, est déjà un joug assez pesant, faut-il encore les en faire rougir comme d'un crime ? tandis que le Monarque abaisse ses regards jusques sur l'asyle du citoyen le plus obscur, tandis que le ministere n'est occupé que de vues bienfaisantes, & qu'il entre dans tous les détails relatifs au bien de l'humanité, interromprons-nous la chaîne qui part du trône, pour se terminer à la chaumiere du pauvre, par nos dédains, notre hauteur & notre dureté ? Si nous voulons que l'esprit de société règne parmi nous, pénétrons-nous sur-tout de cette maxime d'un auteur célèbre de l'antiquité : je suis homme, & je ne puis regarder, ni la personne d'un autre homme, ni ses intérêts comme étrangers à mon égard. C'est à vous sur-tout, riches, hommes en place, hommes distingués par l'éclat du rang

& de la naiſſance, c'eſt à vous à opérer cette heureuſe révolution. On n'exige point de vous le ſacrifice de vos biens & de vos dignités; ſoyez humains, populaires & affables, l'eſprit de ſociété ſe communiquera à tous les rangs; l'homme du peuple n'étant plus avili, aura des ſentimens plus nobles; ſon ame s'élevera juſqu'au patriotiſme, & ce ſont autant de citoyens que vous rendrez à l'état, & autant d'hommes que vous rendrez à la ſociété. Qu'il eſt doux pour une ame bien née, d'ajouter à tous ſes titres celui de bienfaiteur de l'humanité !

ÉLOGE

DE LA GAIETÉ.

Loin d'ici ces perſonnes mornes & taci-
turnes, dont la préſence n'inſpire que le
dégoût & l'ennui, ces gens graves & ſérieux
qui, au milieu des amuſemens mêmes, ne
ſavent pas ſe dérider le front, qui ſemblent
avoir fait divorce avec les ris ; ces perſonnes d'un caractere dur & d'une humeur auſ-
tere, qui ſont le tourment de ceux qui les
approchent, qui ne ſavent point adoucir le
joug qu'ils impoſent aux autres, qui ſe dé-
chaînent contre les ris & les plaiſirs les plus
innocens ; ces miſantropes & ces grondeurs
perpétuels qui ne voient par-tout que des
vices & des crimes ; qui n'ouvrent la bouche
que pour cenſurer & pour invectiver contre le genre humain. Loin d'ici ces caracteres méchans qui ſe font un jeu des pleurs
& des larmes des autres ; qui ne ſe plaiſent
que dans le ſein de la diſcorde : ces hommes diſſimulés, qui marchent toujours le
maſque ſur le viſage, qui ne vivent que
d'artifices & d'intrigues ; ces hommes mordans & cauſtiques, dont l'ame ne ſe nour-

rit que du fiel de la satyre , & qui ne savent s'égayer qu'aux dépens des autres ; ces
personnes d'une humeur inégale , dont le
front, tantôt serein , tantôt couvert de nuages, ne peut fixer la joie & les ris ; qui vous
font payer un moment de plaisir par mille
retours de caprice & d'humeur : ce sont
autant de fléaux de la gaieté ; jamais ils n'en
ont goûté les douceurs ; jamais ils n'en ont
senti les heureuses influences..... Mais que
dis-je ? Dissipons plutôt les nuages qui couvrent leur front , bannissons de leur cœur
le deuil & la tristesse ; réconcilions-les avec
la gaieté , & nous en ferons des hommes.....
Ah ! si une fois leur ame s'ouvre à ses douces
impressions, si une fois ils rient de bon cœur,
les voilà rendus à la société. La gaieté, en
prenant possession de leur ame, amenera à
sa suite l'égalité d'humeur, l'esprit de paix &
de concorde, la bonté, l'affabilité, la franchise & la droiture, un cœur sensible &
compatissant : elle polira leur esprit, elle l'adoucira, elle le rendra agréable & amusant,
elle embellira leur imagination, & en développera toutes les facultés.

La gaieté, ce sentiment doux & agréable
d'une ame qui n'envisage les objets que sous
leur plus beau point de vue, qui fait goûter seule le plaisir d'exister, bannit du cœur
ces grandes passions, ces mouvemens violens qui troublent son repos. Aussi les per-

B v

fonnes gaies ne font-elles fenfibles qu'autant qu'il le faut, pour jouir avec intérêt des objets : de-là cette humeur égale, cet efprit de paix & de concorde, & toutes les autres qualités qui les caractérifent.

Jettez les yeux, Meffieurs, fur un homme gai : c'eft un air ouvert, un air aifé, un air content & fatisfait qui vous charme & vous féduit. Les ris, qui avoient voltigé autour de fon lit durant fon fommeil, viennent fe repofer fur fon front à fon réveil. Après avoir rendu à fon Créateur l'hommage qui lui eft dû, il paroît avec un vifage ferein. Semblable à ces oifeaux qui annoncent le lever de l'aurore par leur doux ramage & leurs chants mélodieux, il commence fa carriere par donner le fignal de la joie dans fa maifon. Un compliment fait à l'un, une plaifanterie dite à l'autre, quelques couplets de chanfon, une démarche lefte & aifée, tout annonce en lui une ame à fon aife & charmée d'exifter...... S'il reprend fes travaux & fes fonctions ordinaires, c'eft en chantant, & avec cet air d'aifance & de liberté qui fait la moitié de l'ouvrage ; les épines & les difficultés difparoiffent devant lui. Vient-on le confulter ? Vient-on lui faire quelque propofition ? il vous reçoit fans embarras & avec cet air ouvert qui infpire la confiance. Perfonne ne fait mieux adoucir l'amertume d'un refus ; on soit toujours content d'auprès de lui ; que quelque personne de mauvaise humeur vienne pour le tracasser, la gaieté soutenue la déconcerte : les reproches & les injures expirent dans sa bouche : elle venoit pour quereller, elle s'en va presqu'en riant. On lui annonce une nouvelle fâcheuse ; la sérénité, qui est répandue sur son front, en sera-t-elle altérée ? Le calme dont il jouit, en sera-t-il troublé ? Non : la gaieté le rend maître de tous les évènemens. Son esprit qui n'est point fait pour les idées tristes & lugubres, qui les chasse même avec une espèce d'horreur, se contente d'une courte réflexion sur l'instabilité des choses humaines ; ensuite il détourne sa vue de ces tristes objets. Une image riante s'offre alors à son imagination, & le voilà consolé.

Aimable gaieté, tu es la vraie philosophie ; tu as seule le secret de jouir du plaisir d'exister. S'il luit un beau jour, si la terre se couronne de fleurs, si elle ouvre son sein, si elle prodigue ses trésors, c'est pour l'homme gai ; si la société a des avantages, si elle a des agrémens & des charmes, c'est pour l'homme gai ; il en découvre, il en fait naître même dont les autres n'ont pas le moindre soupçon.

Qu'il se transporte dans les cercles ; les ris le précedent & l'annoncent. A son aspect la sérénité se répand sur les visages, les nuages se dissipent , la joie circule de tous côtés. Au silence, au ton de cérémonie qui régnoit auparavant , succède un doux murmure , un air d'aisance & de liberté : la conversation s'engage insensiblement, on se développe , on se communique , on ne paroît avoir qu'un cœur & qu'une ame. L'homme gai , au milieu du cercle , agace l'un , badine l'autre , déride le front des personnes les plus sérieuses & les plus mélancoliques , électrise les gens les plus froids & les plus insensibles , & les fait contribuer au plaisir de la société. Si on le raille, si on le plaisante ; il reçoit la plaisanterie dé bonne grace & sans humeur ; il y répond sur le même ton : le temps de la conversation s'écoule rapidement & sans ennui. Graces à la gaieté, on se sépare fort satisfaits les uns des autres. L'homme gai étoit entré avec les ris, il sort avec le même cortége , & le ramene dans sa maison où il semble avoir fixé son séjour.

O vous qui vous laissez dominer par l'humeur ; vous qui vous rendez par-là insupportables à vous-mêmes & aux autres ; vous qui êtes les tyrans & les fléaux de vos familles , de vos domestiques , de vos amis , si l'homme sujet à l'humeur en a jamais eu , puissiez-vous vous corriger à la vue de ce tableau ! Considérez-en avec attention tous les traits ; comparez-vous un instant avec l'homme gai, & vous rougirez du contraste,

Meres de famille, appliquez-vous à corriger l'humeur dans vos enfans, & sur-tout dans le sexe ; accoutumez - les de bonne heure à la gaieté. S'ils paroissent devant vous avec un sourcil froncé, avec un front sillonné par la tristesse, bannissez-les de votre présence, qu'ils ne reparoissent devant vous qu'avec un visage serein, la joie dans les yeux, le ris sur les lèvres. Il faut les tracasser, les railler, les contredire, pour rompre leur humeur ; ne souffrez pas en eux le moindre nuage, le moindre caprice ; c'est le plus grand service que vous puissiez leur rendre pour la vie sociale. Avec une humeur égale, ils porteront dans la société cet esprit de paix & de concorde, qui en est le lien le plus solide ; & c'est-là un des plus grands avantages de la gaieté.

Elle pétrifie, pour ainsi dire, le fiel dans le cœur de l'homme. Accoutumé à des sentimens doux & agréables, la haîne a quelque chose de trop sombre, de trop dur & de trop austere, pour habiter chez l'homme gai ; elle troubleroit cette sérénité, ce calme & cette tranquillité dont il est si jaloux : il tremble, il frémit au seul nom de division & de discorde. Eh ! comment pourroit-il l'aimer ? il est sans ambition, sans intérêt, sans orgueil.

Ce n'est point ordinairement l'homme gai

que l'on voit ramper dans les cours ou dans
les palais des grands, pour s'élever. Ce cercle de rufes, d'artifices & d'intrigues, dans
lequel l'ambitieux paffe fes jours, a quelque chofe de trop compliqué, de trop férieux pour lui. L'homme gai veut jouir de
fon exiftence ; & l'on n'en jouit, qu'autant
qu'on eft indépendant, qu'on a l'efprit libre,
qu'on eft en paix avec foi-même & avec les
autres : auffi un rang médiocre eft-il plus
conforme à fon humeur & à fon goût, parce
qu'on y jouit mieux de la fociété, & c'eft
ce qu'il faut pour la gaieté..... Où fe fixe-
t-elle plus volontiers ? c'eft chez le peuple ;
c'eft dans les conditions les plus obfcures.
Elle eft alors dans fon centre : point d'entraves, point d'étiquette qui la gêne. Si on
y rit, c'eft fans apprêt : le cœur s'épanouit
en liberté : perfonne n'y cenfure vos amufemens & vos plaifirs : perfonne n'y trouble
votre félicité. Eft-il un fpectacle plus agréable que de voir le peuple, lorfqu'il eft délivré de fes travaux ? le croiroit-on affujetti
à des fonctions pénibles ? Voyez comme
il fe livre à la joie ; comme l'alégreffe eft
peinte fur fon front. Il n'y a point d'art,
il n'y a point de recherche dans fes plaifirs.
La gaieté feule en fait tous les frais. Un vert
gazon, une nourriture fimple, de groffes
plaifanteries, des vaudevilles qui refpirent
une gaieté franche ; des amufemens tumul-

tueux au bruit d'un orcheſtre, qui ſe diſpenſe aſſez volontiers des régles de l'harmonie ; voilà ſa récréation.

Peuple, reconnois donc une fois les avantages de ton état. Les tréſors ne ſont point à la vérité dans tes mains ; tu n'es point environné de l'éclat des honneurs & des dignités ; n'en ſois point jaloux : ceux qui les poſſèdent, viennent chercher le bonheur chez toi ; ils viennent ſouvent ſe mêler avec toi pour oublier leur grandeur & leur opulence : au milieu de tes travaux mêmes, tu ne ceſſes point d'être ſous l'empire de la gaieté ; elle en adoucit toute l'amertume : tu les quitte, tu les reprend, ſans inquiétude & ſans embarras ; tu conſerves toujours cette liberté d'eſprit, ſi eſſentielle à la gaieté, qualité qui eſt encore plus incompatible avec l'intérêt qu'avec l'ambition.

Celle-ci offre du moins, au premier coup-d'œil, une perſpective flatteuſe & brillante: l'imagination ſe repaît agréablement de ſes projets & de ſes eſpérances : l'éclat des honneurs en impoſe de loin, s'il n'eſt pas ordinairement accompagné de la joie & de la félicité, il en a du moins les apparences ; mais l'intérêt, le vil intérêt ne traîne à ſa ſuite que des peines, des chagrins, des ſoucis rongeurs ; il eſt le tourment de ceux qu'il domine. Etre livré ſans ceſſe à la défiance, aux ſoupçons ; regarder tous les hommes qui nous environnent,

comme autant de ravisseurs & de brigands ;
fuir leur société ; & n'avoir pour toute compagnie que son coffre-fort ; quelle vie pour
un homme gai ! son trésor, c'est la joie ; son
patrimoine, ce sont les ris & les plaisirs : l'or
n'est dans ses mains que l'instrument de ses
besoins : il aime autant à le faire circuler,
qu'il est charmé de communiquer sa joie
aux autres.

Voulez-vous trouver des ames nobles, dé-
sintéressées ; des hommes généreux, bienfaisans, cherchez-les chez les hommes gais : naturellement philosophes, personne ne connoît mieux l'usage qu'on doit faire des richesses : faut-il payer un service ? faut-il
obliger quelqu'un ? faut-il tendre une main
charitable à un homme qui gémit sous le
poids de la misère & de l'infortune ? qui est-
ce qui le fera avec plus d'empressement que
l'homme gai ? qui est-ce qui le fera d'une
manière plus agreable ? lui seul sait assaisonner
ses bienfaits d'un air de satisfaction qui en
relève le prix & la valeur.

Homme avide & insatiable, assis sur votre
coffre-fort, avez-vous jamais ri ? & si vous
avez ri quelquefois, avez-vous ri de bon
cœur ? que servent ces trésors, à qui vous
allez rendre si souvent vos hommages, que
vous contemplez avec tant de respect ; on
n'achète point le bonheur ni la gaieté.
Leur source est dans le cœur & dans le

filence des paffions. Détachez-vous de vos
richeffes, faites-les circuler ; venez rire avec
nous, & partager nos plaifirs ; vous groffirez
le nombre des heureux.

L'orgueil eft encore une pomme de difcorde parmi les hommes : qu'on l'offenfe,
qu'on le pique, il eft comme un bâlon : il en
fort des tempêtes ; mais ces tempêtes ne font
point à craindre de la part de l'homme gai ;
fi quelqu'un eft attentif à ne point mortifier
les autres, à ne les point humilier, c'eft lui ;
les talens les plus rares, les qualités les plus
brillantes, il les déploie fans fafte & fans
oftentation ; tout fe fait chez lui fans appareil & fans ambition. Jamais on n'effuye de
fa part ces caprices, ces dédains de l'orgueil, qui déparent trop fouvent l'homme
en place & l'homme à talens ; jamais on
ne le voit dans les fociétés s'encenfer lui-
même, mendier des éloges & des applaudiffemens, defirer qu'on life fur fon front
fes talens, fes vertus, fon rang & fa naiffance. Le feul titre auquel il afpire, c'eft
celui d'homme aimable ; & au fond s'il n'eft
pas le plus glorieux, il eft du moins le plus
folide, & celui qui contribue le plus à notre
bonheur. Il feroit à fouhaiter qu'il fût plus
fouvent l'objet de notre ambition ; la fociété n'en feroit que plus paifible & plus tranquille : ah ! fi elle n'étoit compofée que
d'hommes gais, ce feroit un paradis terreftre :

on n'y verroit plus régner que l'union & la concorde : nos jours seroient pleins, notre vie seroit longue parce que nous en jouirions.

Exempt d'ambition, d'intérêt & d'orgueil, est-il étonnant que le cœur de l'homme gai soit fermé à la haine, au ressentiment & à la vengeance ? Peut-on haïr ses semblables, quand on n'a rien à démêler avec eux ? C'est ce caractère pacifique qui nous fait rechercher avec tant d'empressement sa société.

On l'aime, on le desire par-tout ; qu'il entre dans une de ces maisons qui paroissent consacrées à la discorde, où l'humeur domine, où l'on ne se regarde que de mauvais œil, où l'on ne parle que pour contredire, quereller, contester ; tous les visages changent aussi-tôt : on rit à son aspect, on le reçoit à bras ouverts ; toutes ces personnes qui auparavant ne pouvoient se supporter mutuellement, paroissent amies : on rougiroit même d'avoir avec lui un air de mauvaise humeur. Le fait-on médiateur des différends qui se sont élevés, souvent il a la douce consolation de les terminer, & de rétablir la paix dans ces maisons : sa présence seule seroit capable de désarmer l'ennemi le plus acharné ; une physionomie sur laquelle on liroit presque ces mots : *voilà l'homme heureux ;* beaucoup d'enjouement, un air de bonté & d'affabilité ; que faut-il de plus pour

étouffer les haînes les-plus implacables, &
pour chasser la discorde?

C'est sur-tout la bonté & l'affabilité qui
font l'apanage de la gaieté : elle se laisse
aborder aisément : bien loin de repousser les
personnes par la hauteur & la fierté, elle les
invite, elle les appelle, elle les rassemble
autour d'elle sans distinction de sexe, d'âge,
de condition ni de nation ; à en juger par
son empressement & son air gracieux, ne
semble-t-il pas qu'elle voudroit former sa
cour de tout le genre humain ?...

Venez, nous dit-elle, venez tous autour
de moi ; déposez vos titres & vos prétentions ; renoncez à vos antipathies, à vos préjugés ; pour avoir droit à mes faveurs, il
suffit d'être homme... Oubliez sur-tout vos
chagrins & vos peines ; la vie n'est qu'un
songe ; consacrez-la moi toute entière. Ah !
si vous connoissiez tout le prix de mes faveurs, vous en seriez plus jaloux ; un ris,
un épanouissement de cœur vaut tous les
trésors : on ne jouit qu'avec moi de son existence. La joie est l'élixir de santé, c'est le
baume de la vie.

Voyez-vous cet aimable vieillard qui s'a-
vance vers nous d'un pas ferme ? C'est un
homme qui m'a toujours été fidèle : admirez
cet air de fraîcheur & d'embonpoint : les ris ne
font-ils pas disparoître les rides de son front?
Son corps n'est-il pas encore plein de vi-

gueur ? Les infirmités n'ofent approcher de fa perfonne parce qu'il eft fous ma protection. Voyez comme il fe mêle avec la jeuneffe, comme il en fait les délices. C'eft lui qui donne le fignal de la joie. On s'empreffe autour de lui pour le voir & pour l'entendre ; avec la gaieté on eft toujours jeune, on ne compte point les années.

Voilà un homme pâle défiguré, qui eft étendu depuis long-temps fur le lit de douleur, qui n'exifte que pour fouffrir. A fon air on le croiroit inacceffible à toute confolation : je vais le vifiter de temps en temps : je lui préfente mon baume falutaire : une heure de gaieté le dédommage de plufieurs jours de peines & de fouffrances.

Regnez, aimable gaieté, regnez dans tout l'univers ; & vous rapprocherez les hommes de tous les états : on ne verra plus tant de diftance entre un homme & un autre homme... Toutes les humeurs, tous les caractères fe mêleront, & fe confondront enfemble ; toutes les nations ne formeront plus qu'un feul peuple : ces antipathies, dont le démon de la guerre & de la difcorde profite pour troubler notre repos, feront étouffées ; les rivalités cefferont ; on fe verra avec plus de confiance ; on ne connoîtra plus d'autre gloire que celle de contribuer au repos & au bonheur du genre humain. Ah ! comment pourroit-on ne pas vivre dans la paix & la con-

corde fous votre empire ? Vous favez infpirer la plus grande confiance : pleine de
franchife & de droiture, vous vous com-
muniquez fans réferve : vous parlez à cœur
ouvert : votre ame eft fur vos lévres : par-
tout où vous dominez, la défiance & la diffimulation en font bannies ; les hommes y
font tranfparens ; on lit clairement au fond
de leur ame : leur front ferein n'eft jamais le
fiège de la fourberie ni du menfonge.

Ami fincère de la vérité, elle jouit pleinement de fes droits avec l'homme gai ; c'eft
dans fa bouche qu'elle exerce le mieux fon
empire. Il femble qu'il ait le droit de tout
dire, parce qu'il le dit agréablement : la
plaifanterie a tout fon fel dans fes difcours
fans avoir d'aiguillon ; fans employer tous
ces adouciffemens, tous ces ménagemens de
l'adulation & de la flatterie, fans être courtifan, en un mot, il fait plaire : ce ton de
franchife & de fincérité avec lequel il parle,
accompagné d'un air riant, nous charme &
& nous féduit : on fent pour l'homme gai
un penchant fecret & involontaire, quand
on le voit, l'ame eft à fon aife : elle goûte
alors la fatisfaction la plus douce : on voudroit toujours le poff'éder : eft-on forcé de
s'en féparer, ce n'eft qu'avec les plus vifs
regrets : c'eft le privilège des gens gais de
laiffer après eux une odeur de vie, & le fouvenir de leurs perfonnes : on fe rappelle tou-

jours avec un nouveau plaisir les momens
qu'on a passés avec eux : c'est sur-tout dans
ces instans de loisir où l'homme est ordinai-
ment livré a l'ennui, où il a le plus besoin d'ê-
tre égayé , qu'on sent plus vivement leur
perte : où est, dit on alors, où est cet homme gai, qui faisoit les délices de notre société, qui nous charmoit dans ses entretiens ,
qui étoit l'ame de nos amusemens & de nos
plaisirs. Ah ! s'il étoit ici, que nous passe-
rions bien plus agréablement le temps ! que
nous serions heureux !...

Plût-au-ciel que les princes & les grands
ne fussent entourés que d'hommes gais !
quelle cour ! à la fausseté & à la dissimulation
succéderoient la franchise & la sincérité ; aux
caresses feintes, aux démonstrations exté-
rieures de politesse & d'amitié , succéderoient
un air ouvert , une politesse franche & aisée;
l'esprit d'intrigue, de faction & de discorde
en seroit banni : on y verroit de vrais amis,
des vertus réelles & solides : les passions n'y
assiégeroient point le trône , & n'en écarte-
roient point la vérité : elle auroit droit de
paroître, & elle plairoit d'autant plus, qu'elle
auroit cette candeur & cette aménité que la
gaieté seule peut lui donner : le prince ou
le grand auroit l'avantage de connoître ceux
qui l'approcheroient, parce que l'homme gai
se montre toujours tel qu'il est : le courtisan
paroîtroit aux pieds du trône avec cet air de

confiance d'un homme qui ne cherche ni à tromper ni à surprendre : il auroit un air soumis & respectueux sans bassesse ; on ne verroit plus de ces hommes timides & rampans dont le visage paroît tout défiguré à l'aspect du prince ; mais qui ne tremblent point, quand il s'agit de perdre quelqu'un dans son esprit. La gaieté répandue sur tous les visages, monteroit jusqu'à lui, & tempereroit la majesté de son front : c'est alors qu'il aimeroit à descendre de son trône, pour se soulager du poids de la royauté ; c'est alors qu'il trouveroit de vrais amis ; les plaintes & les cris des malheureux s'élèveroient jusqu'au trône, parce que le courtisan auroit alors un cœur sensible & compatissant ; & c'est là le triomphe de la gaieté.

Au premier coup d'œil on prendroit les hommes gais pour des égoïstes : on les croiroit uniquement occupés de leur joie & de leurs plaisirs ; & cependant ces hommes qui paroissent si indifférens sur tout, ne le sont point à l'égard des malheureux : il semble qu'ils aient réservé toute leur sensibilité pour eux : à la vue de la misere, leur cœur se déchire, leur joie se trouble, leur gaieté s'altère : leur parle-t-on de quelque évènement fâcheux ? Leur front toujours serein s'obscurcit aussi-tôt, le ris expire sur leurs lèvres, leurs paroles ne sont plus assaisonnées du sel de la gaieté : ce n'est plus cet air content &

satisfait qu'ils ont coutume de porter dans les cercles ; c'est un air rêveur & inquiet ; on sent que leur ame n'est pas à son aise : il faut, pour y rétablir le calme & la sérénité, que tout ce qui les environne, ne respire comme eux que la joie & l'alégresse ; il leur faut un ciel pur & sans nuage. Qu'on murmure, qu'on gronde un peu devant eux, il n'en faut pas davantage pour les alarmer : ils ne sont contens qu'autant qu'ils voient les autres partager leur joie & leur félicité ; c'est là toute leur ambition : leur générosité pénètreroit dans l'endroit le plus obscur, pour essuyer les larmes de l'infortuné qui y languit, & pour y porter la joie & les ris. Ah ! si les trésors qui sont ordinairement dans les mains de l'avare, de l'homme dur & intéressé, passoient dans celles de l'homme gai, quelle révolution ! on ne verroit plus de malheureux, la joie circuleroit par-tout avec l'abondance : quand la gaieté monte sur le trône, elle fait régner les bienfaits avec elle ; n'est-ce pas à elle que nos trois meilleurs princes, Charlemagne, Louis XII, & l'immortel Henri, devoient cette bonté & cette douceur qui les caractérisoit ? Ils étoient populaires, humains, sensibles & bienfaisans, parce qu'ils étoient des hommes gais. N'éprouvez-vous pas vous-mêmes tous les jours ces heureux effets ? Toutes les fois que vous vous livrez à la gaieté, votre

humeur

humeur n'est-elle pas plus agréable? Votre caractère ne s'adoucit-il pas? Votre esprit n'est-il pas plus liant & plus sociable? Votre cœur ne devient-il pas plus humain & plus sensible? Il n'est pas jusqu'à l'avare lui-même qui n'éprouve cette révolution, quand il s'égaye & qu'il se communique; rien de plus généreux alors que cet homme; il donne avec profusion.

Quel intérêt n'avez-vous donc pas, Messieurs, à faire régner parmi vous la gaieté, puisqu'elle produit de si grands effets! Votre tranquillité en dépend; votre bonheur y est attaché. Soyez gais, & vous jouirez de tous les avantages & de tous les agrémens de la société; soyez gais, & l'univers est à vous...

LES EFFETS de la gaieté sur l'esprit sont nécessairement liés avec ceux qu'elle opere sur le cœur. En rendant l'homme plus doux & plus sociable, elle rend son esprit plus souple & plus liant. Elle le dépouille de cette inflexibilité dans les idées, si j'ose m'exprimer ainsi, qu'il conserve tant qu'il est isolé. Ce n'est plus cet esprit toujours hérissé, toujours outré dans ses jugemens, toujours opiniâtre dans ses résolutions. Ce n'est plus cet esprit bizarre & singulier, qui veut toujours se frayer une route nouvelle, qui affecte une manière de penser opposée à celle de tout le genre humain. C'est un esprit complaisant, sans bassesse & sans adulation, qui sait tenir le milieu entre ce ton rustique & grossier, qu'on confond mal-à-propos avec la franchise, & ce ton patelin, ou ce langage doucereux, qui n'est point celui de la sincérité. C'est un esprit qui se modifie selon les lieux & les temps, qui étudie les humeurs & les caracteres, pour ne les point choquer, qui fait respecter les préjugés tant qu'ils ne sont point essentiellement opposés à la vérité, qui observe les bienséances & les usages du monde, sans en être esclave.

Transportons-nous pour un instant dans la société. Qui est-ce qui se conduit mieux sur ce grand théâtre, que l'homme gai? Qui est-ce qui a plus que lui l'art de plaire au milieu de ce mélange d'humeurs & de caracteres, de ce choc d'opinions & d'intérêts, de cette variété de goûts & de sentimens, de ces orages & de ces tempêtes que les passions y excitent si souvent. Tandis que cette vaste mer est toujours agitée, lui seul jouit du calme & de la sérénité. L'esprit de l'homme gai qui ne paroît point réfléchir, ni observer, saisit le vrai ton de la société ; il sait dire son sentiment, sans déplaire, il sait contredire, sans mortifier. Ne semble-t-il pas qu'il ait la clef de tous les cœurs? Ne semble-t-il pas qu'il soit à l'unisson de tous les esprits & de tous les caracteres?

Jetons pour un instant les yeux sur les habitans de la campagne. L'homme gai n'a-t-il pas parmi eux l'esprit plus poli & plus liant? La gaieté ne fait-elle pas disparoître chez lui cette rouille de rusticité dont les autres sont tachés? N'est-il pas plus ouvert & plus délié? Aussi leur donne-t-il le ton dans les plaisirs & dans les repas. C'est lui qui régle tout, qui décide de tout. Ces hommes qui sentent, plus que tous les autres, la nécessité du délassement, qui estiment & aiment naturellement celui qui leur en procure, l'écoutent comme un oracle. Quand son ame s'épanouit, il en sort mille traits naïfs, qui les charment & qui les égaient, qui tempèrent la dureté de leur humeur & de leur caractere. De rustres & de grossiers qu'ils étoient, ils deviennent tout-à-coup des gens gais & polis. C'est alors que la gaieté jouit de tout son empire.

Que les Citoyens des Villes fassent quelque séjour dans la campagne, ce sont les hommes gais dont ils recherchent la compagnie. Ils sympathisent plus avec eux qu'avec les autres, ils les trouvent plus polis & plus lians; ils aiment à se mêler avec eux, à partager leurs amusemens, à sourire à leurs propos naïfs & à leurs plaisanteries.

L'homme gai, sans être jamais sorti de la campagne, prend aisément leur ton & leurs manieres. Il paroît avoir toujours vécu avec eux. Il a une urbanité naturelle qui vaut bien celle que le séjour des Villes & l'éducation nous procurent.

Ce qui contribue encore à le rendre plus aimable, c'est la douceur & l'aménité de son esprit. Le goût pour la satyre ne convient qu'à un caractere trop sensible & trop ardent, ou à un esprit aigri par les disgraces, ou à ces esprits caustiques qui n'ont pas su réprimer de bonne heure leur penchant pour la médisance. L'homme gai n'est pas dans ce cas-là. Toujours content de sa situation, jamais mécontent des autres, il ne sort de sa bouche aucune de ces paroles aigres & dures, aucun de ces traits piquans qui font le langage de la haîne ou de l'envie. Quoiqu'il parle ordinairement avec vivacité & avec feu, quoiqu'il ait du goût pour la plaisanterie, jamais il ne fournit de l'aliment aux langues médisantes. Ah! s'il étoit mordant & caustique, seroit-il aussi aimé? Seroit-il aussi recherché qu'il l'est? On s'amuse quelquefois avec un esprit satyrique, parce qu'il nourrit notre malignité; mais ordinairement on fuit & on redoute sa société. Il n'en est pas ainsi de l'ami de la gaieté. C'est l'homme de tous les lieux & de tous les temps: en quelque

inftant qu'il paroiffe, on l'accueille avec em-
preffement ; on ne fe laffe point de le voir
ni de l'entendre. Il n'eft déplacé nulle part,
en quelque lieu qu'il aille ; par-tout on a
befoin de l'homme gai. Tout eft fi mêlé
dans la vie ; on a tant de traverfes, tant
de contradictions à effuyer ; les beaux jours
y font fi rares ; on y eft fi fouvent à charge
à foi-même & aux autres ; il faut donc un
peu de confolation, pour s'y foutenir. Or,
chez qui la trouve-t-on? Chez l'homme
gai. Ce n'eft qu'à fes côtés qu'on oublie
fes chagrins & fes peines. Ce n'eft que dans
fa compagnie qu'on exifte. Son efprit agréable & amufant eft un lénitif qui calme nos
douleurs.

Que j'aime à le voir préfider à une table!
C'eft-là qu'il prend cet afcendant que les
ames qui jouiffent d'elles-mêmes, ont naturellement fur les autres. Tout le monde
a les yeux fixés fur lui ; on l'écoute avec
avidité. Il feme la joie & les ris avec les
bons mots. L'air de jubilation avec lequel
il les prononce, leur donne encore un nouveau fel. S'il raconte quelque hiftoire, c'eft
avec tant d'agrément, tant de légereté, tant
d'enjouement, que les convives ne peuvent
retenir leurs ris. Il a une maniere de plai-
fanter & de narrer, qui n'eft qu'à lui.
Chaque convive, à fon exemple, raconte
la fienne. Il regne par toute la table une

émulation qui contribue beaucoup à l'agrément du repas. Le chant se mêle avec les bons mots; l'homme gai se développe alors tout entier; ses yeux sont plus animés, son front est plus serein. Il invite tous les convives à l'accompagner dans ses chants; chacun s'empresse de le faire. La gaieté, mere de l'harmonie, donne alors un concert mille fois plus agréable que ceux où l'art préside. Après avoir bien ri, bien chanté, & beaucoup plaisanté, on sort de table, le bon mot dans la bouche, le ris sur les levres & l'estomac très-bien disposé.

Qu'on nous vante maintenant ces banquets somptueux, où une table surchargée de mets ne nous offre point le ragoût le plus agréable & le plus piquant, la gaieté; où l'on se trouve avec des personnes qui ne s'aiment, ni ne se connoissent; où l'on ne soupire qu'après le moment qui doit nous en séparer; où l'on mange avec précipitation, & sans goût; où l'on est condamné à se taire, ou à converser vaguement & sans intérêt; où c'est presqu'un crime de rire; où préside enfin l'ennui, en habit de cérémonie. L'homme gai étoufferoit dans ces festins. La liberté est son élément : il fuit tous les lieux d'où elle est bannie. Si quelquefois il est forcé de s'y trouver, pour charmer son ennui, il rit en lui-même de la gravité de tous les membres qui composent l'assemblée. Il les observe, & il fait une ample provision de saillies & de bons mots qu'il va répandre dans les endroits où il a la liberté de rire & de montrer un front serein.

Ce n'est pas autour d'un tapis verd que son ame pourroit s'épanouir & se dédommager de l'ennui qu'elle a essuyé. Il n'aime pas ces jeux tristes & férieux, où il faut acheter le plaisir au poids de l'or ; ces jeux compliqués, qui sont plutôt une occupation & une étude, qu'un amusement, & où la premiere loi, c'est d'être morne & taciturne. Il lui faut de ces récréations vives & animées, de ces jeux d'exercice, où le corps fait tous les frais, où l'esprit jouit de toute sa liberté ; de ces jeux où la langue est en action comme le corps. C'est-là qu'il donne carriere à ses bons mots. Des riens deviennent intéressans dans sa bouche, par le coloris qu'il leur donne, & par le ton comique avec lequel il les débite. Une bagatelle est pour lui un sujet de plaisanterie. Il sait profiter habilement des circonstances du jeu, pour égayer & amuser sa compagnie. Le babil, qui n'est pas supportable chez les autres, est agréable chez l'homme gai. Quand il n'auroit qu'une dose ordinaire de bon sens, la gaieté supplée chez lui à l'esprit ; elle donne du prix à tout ce qu'il dit. On aime à partager ses récréations, parce qu'il y met beaucoup d'ame & beaucoup d'ardeur. La maniere dont il s'y livre, eſt elle-même un amuſement pour nous.

Quelqu'agréable, quelqu'amuſant que ſoit l'eſprit de l'homme gai dans les jeux, dans les repas & dans les converſations, il brille encore plus dans la compoſition. Il faut le voir, la plume à la main. Quel naturel, quelle variété dans les tableaux ! Quelle fineſſe dans les réflexions ! Quel ſel & quel enjouement dans la plaiſanterie ! Quelle variété, quelle richeſſe, quel agrément dans les deſcriptions ! Tout chez lui coule de ſource ; ſon eſprit produit ſans effort. Il n'eſt point obligé de ſe renfermer dans un cabinet ſolitaire, pour y monter ſon imagination, & pour y appeler les penſées. Un champ couvert de moiſſons, une prairie émaillée de fleurs, une promenade agréable, voilà ſon *muſeum*. Le ſpectacle de la nature, le tableau mouvant de la ſociété, voilà ſes livres. C'eſt-là qu'il puiſe ces beautés de nature, qui charment & qui raviſſent dans ſes écrits, ce ton original qui eſt l'apanage du génie. Comme les Peintres qui vont étudier les grands Maîtres, pour donner plus de coloris, plus de vérité & plus d'expreſſion à leurs tableaux, pour échauffer leur imagination à la vue de leurs chefs-d'œuvre, il fréquente la société, pour y étudier les originaux qu'il veut peindre, pour copier d'après nature. S'il jouit des agrémens & des beautés de la campagne, c'est pour donner plus de corps à ses pensées, c'est pour les revêtir d'images. Quand il sort de ces lieux, son esprit est rempli d'idées; son imagination lui offre une foule de tableaux. S'agit-il de peindre alors un caractere? Il leve légerement & avec finesse le voile sous lequel il s'enveloppe. Il en saisit toutes les nuances & tous les traits avec la derniere précision. Afin qu'il se développe tout entier, il le met en action, il le fait contraster avec d'autres caracteres, & vous met à portée de le suivre dans tous ses procédés & ses discours. C'est alors qu'il déploie la connoissance profonde qu'il a du cœur humain. Son génie observateur est le fil d'Ariadne, qui le guide au milieu des tours & des détours de ce dédale impénétrable. Comme il ne peint point l'homme sous des couleurs trop noires; comme le ton de gaieté & de plaisanterie qui anime ses tableaux, en tempere en même temps les traits, l'homme peut s'y reconnoître, sans que son amour-propre en soit trop humilié. Il voit dans ce miroir qu'il est assez imparfait, pour être obligé de se corriger; mais il ne se voit point assez

C v

vicieux, pour être forcé de rougir de lui-même, & de se détester.

Qu'il joue un ridicule, c'est une finesse de plaisanterie, une délicatesse de pinceau, une vérité & un enjouement dans les réflexions qui nous intéresse & nous attache comme malgré nous. On apperçoit avec plaisir un fin moqueur, qui sait placer l'homme dans toutes les situations où son défaut frappe davantage & prête le plus à la plaisanterie. La gaieté prodigue alors les saillies & les bons mots. Celui même qui en est l'objet, est forcé de rire à ses dépens. Ce ton comique & facétieux, qui regne dans ses peintures & ses réflexions, dépouille l'homme le plus grave de son humeur austere.

Qu'il présente sous le même point de vue toutes les petitesses, tous les travers & tous les ridicules du genre humain, c'est une collection de tableaux, tous plus piquans les uns que les autres. La vue s'égare agréablement dans cette galerie. Tout l'intéresse, la nature des objets, la maniere dont ils sont peints. Elle n'est pas moins récréée dans ces descriptions champêtres, où la gaieté fait revivre l'innocence & la simplicité des mœurs antiques. Les amusemens & les plaisirs de la campagne si délicieux par eux-mêmes, le sont encore davantage sous son pinceau. Les travaux rustiques, quelque pénibles qu'ils foient, y font préfentés fous un point de vue agréable, tant la gaieté fait embellir les objets mêmes qui paroiſſent les moins fufceptibles d'agrément.

C'eſt dans un badinage philofophique qu'elle déploie fur-tout ce talent. Elle feme des fleurs dans le champ le plus aride & le plus ſtérile. Un efprit de lumiere, embelli par la gaieté, donne du corps & de la vie aux matieres les plus sèches & les plus abſ-traites. On le fuit avec plaifir dans fes ré-flexions & fes recherches les plus profondes, parce qu'elles n'ont point un air de pro-fondeur. La ſcience des langues, toute sèche qu'elle eſt, prendroit un corps, fi elle étoit traitée par un efprit gai ; il la revètiroit d'images, il l'égaieroit par des réflexions badines & morales. Il n'y a point d'objet ter-rible ni difforme, quand une fois une ima-gination gaie s'en empare. Elle transforme le rocher d'Itaque en un féjour délicieux.

Comme une imagination embellie par la gaieté n'épuiſe point les matieres, comme elle ne prend que la fleur des fujets, & qu'elle eſt toute en images, fon coloris eſt toujours brillant, fes tableaux confervent toujours leur-fraîcheur. On lit, on relit tou-jours avec un nouveau plaifir les productions de la gaieté. On y découvre toujours de nouvelles beautés. L'efprit fympathiſe plus avec elles qu'avec les autres ouvrages, parce qu'elles font plus légeres & plus naturelles.

On a dit du dépit qu'il valoit un Apollon ; mais on peut le dire avec plus de justesse & de vérité, de la gaieté. Rien ne féconde plus l'imagination ; comme elle est franche & hardie, comme elle sait s'elever au-dessus des régles, sans cesser de plaire, elle lui offre une foule de sujets qu'elle seule sait rendre piquans. Sous le voile du badinage, elle dit des vérités qu'on n'oseroit pas dire ouvertement, & elle les dit avec succès.

Les objets les plus minces & les plus frivoles, elle fait les ennoblir, & les rendre intéressants. Tout ce qu'elle touche, se convertit en or. Sans s'éloigner de la nature, un esprit inspiré par la gaieté a une foule d'idées neuves & originales. On est étonné de sa fécondité. Où va-t-il puiser, dit-on, toutes ses idées ? Où va-t-il chercher tout ce qu'il dit ? Dans un grand fond de gaieté. C'est-là le foyer où son génie s'allume. Il en sort mille traits de lumiere, mille traits saillants qui embellissent ses productions. Comme il n'éprouve point ces alternatives de sécheresse & de fécondité, qui rendent la composition de tant d'Ecrivains si inégale, on voit toujours chez lui la même facilité de style, la même abondance d'images & de pensées. Que la gaieté s'empare de ces esprits lents & froids, qui paroissent incapables de

rien créer, ils changent tout-à-coup. Le feu
fort des veines du caillou où il étoit recelé.
Il eſt aiſé de diſtinguer dans les grands ſujets
un bel eſprit gai. Son coloris eſt toujours
plus gracieux, ſon pinceau plus moëlleux &
plus ſéduiſant; il a un ſublime qui vous enlève & qui vous charme en même temps.

Qu'eſt-ce qui donne aux Français la ſu-
périorité ſur les autres Nations lettrées ?
Pourquoi ſa compoſition eſt-elle plus facile
& plus gracieuſe ? Pourquoi eſt-elle plus
brillante ? C'eſt qu'il eſt gai. Son imagination dépouille la nature de toutes ſes beautés, & les fait paſſer dans ſes écrits. Ce n'eſt
pas là le ſeul ſervice que lui rend la gaieté ;
on peut dire qu'il lui doit toutes ſes autres
qualités. Ainſi, faire l'éloge de ce précieux
don de la nature devant des Français,
n'eſt-ce pas faire en même temps leur éloge ? N'eſt-ce pas la gaieté qui raſſemble autour de vous, Meſſieurs, les plaiſirs & les
ris ? N'eſt-ce pas la gaieté qui vous donne
cet air de liberté & de franchiſe, ce caractère liant & communicatif, qui n'appartient
qu'à vous ? N'eſt-ce pas la gaieté qui vous
met en poſſeſſion de la gloire la plus ſolide
& la plus durable, celle de former les autres
Nations à la vie ſociale ? Vous êtes le peuple
enfant, dans l'opinion des autres peuples ;
mais, ſous le voile de cette enfance & de
cette prétendue frivolité qu'on vous repro-

che fi fouvent, que vos détracteurs eux-
mêmes fe font gloire d'imiter, vous cachez
des qualités folides & effentielles. Que les
autres Nations vantent, l'une fon flegme &
fa taciturnité, l'autre fa gravité ; celle-ci fes
talents & fon induftrie, celle-là fon inclination belliqueufe ; c'eft à vous, Français, de
vivre en fociété ; c'eft à vous de rendre la
vie commode & gracieufe, parce que vous
êtes gais. Vous n'êtes point inférieurs aux
autres Nations du côté des talents. Les
fciences & les arts brillent au milieu de vos
jeux. Vous avez fouvent porté le fceptre de
Mars avec gloire ; les lauriers couronnent
encore votre front : mais il eft un empire
plus glorieux & plus durable , celui de la
politeffe & de la gaieté. Continuez à l'exercer. Soyez toujours Français : ne dénatu-
rez point votre caractère en adoptant les
mœurs & les ufages de vos voifins. L'or ne
fouffre point d'alliage. La gaieté a fixé fon
féjour parmi vous ; elle a imprimé fon fceau
fur votre front ; confervez-la précieufement ;
c'eft le gage de votre félicité. En expofant
ici les effets qu'elle produit fur le cœur &
fur l'efprit, je ne me fuis point tranfporté
chez les autres Nations. Un coup-d'œil fur
vos qualités & fur votre caractère m'a fuffi,
pour en tracer le tableau.

ÉLOGE

DE L'ENFANCE.

Se renfermer sagement dans sa sphere, vivre tranquille & sans ambition dans le poste que la providence nous a assigné, rien de plus rare. On se croit ordinairement supérieur au rang qu'on occupe. On se fait même un point d'honneur de s'élever au-dessus de ce rang & de le dédaigner.

L'amour-propre, toujours disposé à nous flatter dans nos vues d'ambition, nous suggere alors des comparaisons injurieuses aux autres, & favorables pour nous-mêmes. *On ne sait ce que c'est que rendre justice au mérite, dit-on ; on accorde tout présentement à la brigue & à la faveur. Cet homme a été élevé à cette dignité ; en étoit-il digne ? ne m'étoit-elle pas plutót dûe ?* Voilà les plaintes ordinaires. Souvent ceux mêmes qui seroient déplacés par-tout, crient le plus haut à l'injustice. A les entendre, ils ont droit à tous les honneurs & à tous les emplois. Il faudroit créer un nouvel ordre de choses pour eux. Pour moi, plus attentif que ces Messieurs à me conformer à l'ordre

public, je ne le trouble point par des murmures injuftes ou par des vœux indifcrets.
Plus convaincu que ces Meffieurs de la médiocrité de mes talens, je me borne à l'état
où la providence m'a placé. Plus fage & plus
modéré dans mes defirs, je ne fouhaite
qu'une feule chofe, Meffieurs, c'eft de refter
toujours dans l'enfance. Un coup-d'œil fur
les avantages de cet état, foit pour le corps,
foit pour l'ame, va vous démontrer la fageffe & la folidité de mes vues. Je vous prie,
Meffieurs, de m'honorer d'une attention auffi
férieufe que le fujet l'exige.

Puisque l'ame eft fi étroitement unie au
corps, qu'elle en dépend jufqu'à un certain
point dans fes opérations, puifqu'elle en partage les infirmités ou les avantages, ces avantages font donc réels & folides : je fuis donc
fondé à faire valoir l'enfance fous ce point-
de-vue. Je peux le faire avec d'autant plus
de vérité, qu'il n'y a point d'état mieux par-
tagé de ce côté-là.

Une digeftion prompte & complete, une
circulation libre & réguliere du fang, une
grande abondance d'efprits animaux, une
délicateffe & une flexibilité de fibres fingu-
lieres, une grande foupleffe de nerfs, un
fommeil profond & tranquille : voilà des avantages certains, avantages qu'on ne peut con-
tefter à l'enfance.

Tout contribue d'abord, dans cet âge, à

la perfection de la digestion . la qualité , la quantité des alimens, la liqueur ordinaire aux enfans, l'exercice & la gaieté.

Quels sont nos alimens, Messieurs, sont-ce des mets dénués de sucs nourriciers, des mets plus propres à irriter la faim qu'à la satisfaire ? sont - ce des mets qui grossissent plutôt la masse des humeurs, qu'ils ne forment un bon chyle ? Est-ce pour nous que l'art de la cuisine, art si funeste à la santé, déguise les présens de la nature sous mille formes différentes ? Est-ce pour nous que les Cuisiniers ont inventé tous ces supplémens de goût & d'appétit, qui flattent la sensualité du voluptueux le plus délicat ? Non, Messieurs, nous sommes contens des dons de la nature. Nous les prenons tels que nous les recevons de sa main bienfaisante. Nous croirions l'insulter, en les altérant. La nourriture la plus naturelle est la nôtre. L'apprêt le plus simple & le plus prompt est le plus conforme à notre goût & à notre humeur. C'est notre appétit qui donne à nos mets leur assaisonnement. Cet air de santé qui brille sur mon visage, annonce bien que je ne vis pas de ragoûts & d'entremets.

Les alimens les plus salutaires, s'ils sont pris avec excès, peuvent nuire à la santé ; mais nous ne sommes pas ordinairement exposés à cet inconvénient. Une main sage & économe a soin d'y pourvoir : elle prend ,

pour ainſi dire , la meſure de notre eſtomac. Comment peut-il être ſurchargé après
toutes ces précautions ? Ses ſoins à cet égard ,
nous ſont quelquefois un peu à charge. Le
Médecin le plus exact ne preſcrit pas un ré-
gime plus rigoureux à ſon convaleſcent. Le
nombre , l'heure , la durée des repas , la qualité des viandes , tout eſt réglé. On nous
éleve dans cette frugalité antique qu'on ſe
contente d'admirer aujourd'hui. Heureux ſi
nous la conſervions dans l'âge viril ! Heureux , ſi nous en avions toujours ſous les
yeux des exemples ! Mais , par une contradiction qui ne leur eſt que trop ordinaire ,
les hommes nous élèvent dans une ſobriété
dont ils ſe diſpenſent eux-mêmes fort aiſément.

Une nourriture ſi bien réglée ne doit
point fatiguer l'eſtomac. D'ailleurs la liqueur
dont nous faiſons uſage , l'aide beaucoup
dans ſes fonctions. Vous vous repréſentez ,
ſans doute , ici , Meſſieurs , un excellent vin
de Bourgogne , un vin de Grèce , un vin de
Canarie , ce fameux vin du Cap , qui paſſe
pour le meilleur du monde : ce n'eſt point
cela , Meſſieurs , c'eſt une liqueur auſſi précieuſe qu'elle eſt commune. C'eſt une liqueur
qui précipite les humeurs , qui dégage & net-
toie les viſceres , qui n'engendre point de
bile. C'eſt une liqueur dont la violence n'at-
taque point les nerfs , & dont les fumées ne

troublent point le cerveau. C'eſt une liqueur
qui laiſſe à la raiſon toute ſa force & ſa net-
teté. C'eſt le grand diſſolvant, c'eſt l'élixir
de ſanté, c'eſt l'eau, Meſſieurs. . . . Je vois
pluſieurs de mes Auditeurs pâlir à ce mot....
A-t-on jamais vu trembler au mot de ſanté ?
Eh-bien, l'uſage de l'eau en eſt le principe....
Ce teint frais & clair le prouve de la maniere
la plus ſenſible.

Quand on joint à cette liqueur ſalutaire
l'exercice & la gaieté, ce ſont deux moyens
de plus pour accélérer la digeſtion : or, on
ne néglige certainement pas ces deux moyens
à notre âge. L'action eſt notre élément.
Nous avons toujours un pied en l'air. Nous
animons, pour ainſi dire, tout ce qui nous
environne. Un ſaut d'un côté, une courſe
de l'autre, une croquignole donnée à l'un,
un amuſement tumultueux pris avec un autre ; enfin, nous ſommes dans un mouvement perpétuel. La mobilité de nos muſcles
ſe prête aiſément à cette activité. Par-là nous
donnons du jeu & du reſſort à notre eſtomac. Nous le mettons en état de faire ſes
fonctions leſtement. Loin d'ici cet état de
repos & d'inertie qui laiſſe languir l'ame
dans une eſpèce de léthargie. Loin d'ici
cette molleſſe aſiatique qui fait de la digeſtion une occupation ſérieuſe & importante :
pour nous, elle ne nous inquiete nullement.
La nourriture ne fait pas un aſſez long ſé-

jour dans notre eſtomac ; rarement elle s'y tourne en bile. De-là cette gaieté qui nous eſt ſi naturelle , gaieté qui ne s'exprime point par un ris compaſſé , un ris qui expire ſur les levres. Des bienſéances tyranniques ne mettent point des entraves à notre joie. Nous nous livrons pleinement à toutes les impreſſions de la nature. Il nous faut une joie bruyante , une *groſſe* joie. Pour l'entretenir, nous avons le talent de nous égayer à peu de frais. Tout nous amuſe. La nature n'a pour nous que des objets rians. Par - tout où nous allons , la joie nous ſuit & nous accompagne. Les perſonnes les plus mornes & les plus triſtes ſe dérident le front à notre aſpect. Cet air de liberté & de ſatisfaction qu'on remarque dans notre maintien , bannit par-tout la triſteſſe & la mélancolie. Que deux enfans s'abordent , la gaieté éclate auſſi-tôt ſur leur viſage , ils ſe conſiderent l'un l'autre avec une ſatisfaction qui ſe communique à tous ceux qui ſont les témoins de leur entrevue. Des ris , de fréquentes accollades ; voilà leur politeſſe & leurs complimens. Qu'on ſe tranſporte au milieu d'une troupe d'enfans , n'y reſpiret-on pas un certain air de liberté ? La joie n'y circule-t-elle pas avec la plus grande aiſance? n'y eſt-elle pas comme dans ſon empire? Cette heureuſe diſpoſition facilite en nous la ſecrétion des humeurs. Notre ſang devient alors plus fluide, nos esprits font plus actifs, nos nerfs acquierent un certain degré d'élasticité : en un mot, la gaieté fait, pour ainsi dire, contribuer tout notre corps pour le soulagement de notre estomac. Jettez les yeux, Messieurs, sur le visage de cette jeunesse qui m'environne, n'y reconnoissez-vous pas les heureuses influences de la gaieté ? Regardez ce front serein, n'annonce-t-il pas une ame à son aise & charmée d'exister ? . . .

Malgré tous ces avantages, on veut quelquefois nous ravir ce précieux don de la nature. D'après une philosophie sombre, caustique & inquiete qui domine aujourd'hui, on veut nous faire penser avant le temps. Nous avons encore le hochet à la main, & on veut philosopher avec nous. C'est un mêlange bizarre de frivole & de sérieux ; d'un côté on fait de nous des petits-maîtres, & de l'autre des raisonneurs. La réflexion convient-elle à notre âge ? l'exiger de nous, n'est-ce pas aller contre l'ordre de la nature ? n'est-ce pas s'en éloigner encore que de vouloir mesurer jusqu'à l'air que nous respirons ? Souvent on nous tient captifs dans une chambre, sous le spécieux prétexte de santé. Souvent on nous y condamne à un repos pour lequel nous avons une antipathie invincible. Ignore-t-on qu'un air concentré ne nous plaît point ? ignore-t-on que nous aimons l'air de la campagne, le plein air ? Nous voulons les choses en grand. Pourquoi s'opposer à une inclination aussi noble ? Cette conduite ne peut que nuire à notre santé en nous donnant de la bile. Où en faisons-nous encore, Messieurs ? c'est à vos repas, c'est à ces festins somptueux où vous nous admettez trop tôt. Oui, si j'ai jamais connu les indigestions, c'est à ces tables servies avec tant de profusion & de délicatesse, c'est à ces tables où le luxe triomphe, où préside la débauche : c'est à ces tables où le germe de nos passions commence à se développer. C'est-là que vous m'avez présenté d'une main ces poisons savoureux qui portent avec eux les langueurs & les maladies, & de l'autre ce prétendu nectar qui a fait passer dans mes veines un feu séditieux dont les effets sont si dangereux. C'est-là que j'ai acquis un vice de plus, la gourmandise. Un morceau de pain, un verre d'eau & ma *Balle* me suffisoient. Vous avez fait naître en moi des besoins que j'ignorois. Est-ce-là le bonheur que promet l'âge viril ? ah ! je le répete. Je veux toujours être enfant..... Mais, sans nous attrister ici plus long-temps, hâtons-nous de détourner nos yeux d'un tel spectacle. Notre vue est faite pour des objets plus rians. L'examen des effets d'une bonne digestion nous flattera sûrement davantage.

Le premier & le principal effet d'une bonne

digeftion, c'eft la circulation libre & réguliere du fang; de bons alimens bien digé-
gés forment un bon chyle. De ce chyle
il en réfulte néceffairement un fang pur,
un fang qui circule librement & réguliére-
ment.

Le principal obftacle à la liberté de la
circulation, c'eft la furabondance des humeurs: or nous avons deux préfervatifs sûrs
contre ce mal, la tempérance & la tranfpiration; le premier nous empêche d'en amaf-
fer une trop grande quantité; le fecond,
en ouvrant les pores, donne un libre paffage
aux humeurs fuperflues & en décharge le
fang. Qui peut douter que la tranfpiration
ne fe faffe bien à notre âge? l'exercice auquel nous nous livrons, le grand air que nous
refpirons, ne nous la procurent - ils pas
d'une manière sûre? Auffi avons-nous rarement recours aux reffources de l'art pour
cela? Nous donnons heureufement fort
peu d'occupation aux Médecins, la nature
nous en tient lieu, & c'eft elle qu'on doit
fur-tout confulter dans nos maladies. La
main du Chirurgien opere, il eft vrai, de
temps-en-temps fur notre corps pour quelques plaies ou quelques boffes; mais c'eft
un léger inconvénient du mouvement &
de l'exercice qu'on fe donne à notre âge,
qui ne balance pas à-beaucoup-près les avantages qui en réfultent.

Quoique le sang coule avec liberté dans nos veines, son cours n'en est pas moins régulier; rien ne le ralentit ni ne le précipite; des alimens chargés de sucs grossiers n'en épaississent point la masse: l'usage des fruits, si fréquent parmi nous, lui donne, au contraire, de la fluidité. Notre sang n'est point aussi usé par la débauche: nous ne connoissons point ces excès qui déshonorent l'humanité & qui portent ordinairement leur châtiment avec eux; nous n'éprouvons point ces infirmités humiliantes qui en sont les suites ordinaires. Nos visages ne portent point l'empreinte de la débauche. On ne lit point sur notre front les preuves d'une conduite déréglée; l'usage des liqueurs fortes n'énerve point notre constitution, c'est pourquoi nous ne sommes point réduits à la triste nécessité de suppléer à la chaleur naturelle par une chaleur étrangere.

Si d'un côté le cours de notre sang n'est point trop lent, de l'autre il n'est point aussi trop rapide. Ce n'est point pour nous qu'on tire à grand frais des Indes ces plantes qui échauffent le sang, qui l'agitent avec violence; plus sages que les hommes; nous nous bornons aux productions de notre climat, persuadés qu'il est en état de suffire à nos besoins; la fièvre des passions ne fait point passer chez nous la bile dans le sang, nous n'éprouvons pas ordinairement ces

mouvemens

mouvemens convulfifs qui font les effets des paffions violentes & les fymptômes d'une circulation inégale ; tout eft chez nous dans un parfait équilibre. Auffi le pouls d'un enfant eft-il paffé en proverbe pour fa marche égale & uniforme.

Un fang pur prépare une matiere abondante d'efprits animaux ; en effet, puifque les efprits ne font que les parties les plus fubtiles & les plus agitées du fang, plus le fang eft fubtil, plus la matiere de ces efprits doit être abondante. Or le fang étant auffi pur qu'il l'eft dans l'enfance, doit être conféquemment très-fubtil. Ce principe établi, pouvons-nous manquer d'efprits animaux ; nous avons d'ailleurs le talent de les conferver. Comment pourrions-nous les perdre ; ce ne feroit qu'en nous livrant aux travaux pénibles du corps ou à la réflexion ; mais nous n'en confumons pas ordinairement beaucoup dans ces deux exercices. Nous favons trop bien ménager notre petit individu : nous chériffons trop notre exiftence pour nous épuifer par le travail, une molle oifiveté eft plus dans notre goût. Nous fommes gens à précaution, nous réfervons toute notre activité pour le jeu. Pour la réflexion, notre tête n'eft pas fon domicile ordinaire ; nous aimons beaucoup plus l'action. On ne voit pas parmi nous des gens perdre l'efprit par la profondeur de leurs

D

méditations; ce n'est point nous qui peuplons les petites-maisons. Enfin dans l'enfance l'esprit n'use point le corps, l'étude ne fait point de nous des squelètes ambulans; au milieu de nos occupations nous conservons avec un soin tout particulier notre santé & notre embonpoint ordinaire. En prenant des mesures & des précautions aussi sages, les esprits animaux doivent se maintenir toujours dans le même état. C'est-là ce qui nous assure cette souplesse singuliere des nerfs qu'on admire tant en nous; ce sont les esprits qui leur donnent du ressort. Chez les enfans, ils se portent sur-tout dans les nerfs qui font remuer le bras ou la jambe; avec quelle légèreté ne franchissons-nous pas un fossé! Quelle célérité dans nos courses! L'œil nous suit à peine dans tous nos mouvemens. Quand nous faisons un saut, il semble que l'air nous communique toute sa légèreté. Si notre main porte un coup, c'est si lestement, qu'on ne s'en apperçoit que quand on l'a reçu. Nous plions, nous manions notre corps à notre gré : nous lui donnons telle forme que nous voulons. Nous saisissons avec la plus grande précision le geste & les manieres des autres. Tours de force, tours de souplesse, sauts périlleux, notre corps se prête à tout. Enfin nous sommes de vrais Protées, rien de forcé, rien de gêné dans nos manieres. Nous n'avons point cet air

empefé ni cet air gauche qu'on remarque
fouvent dans l'âge viril. Ne femble-t-il pas
que les hommes veuillent nous le communiquer, en nous donnant des Maîtres pour
apprendre à marcher? Avons-nous befoin
pour bien faire cette fonction, d'un homme
qui mefure & qui compte tous nos pas?
Suivons les leçons de la nature, nous mar-
cherons toujours bien. Souvent l'art, au-
lieu de régler notre démarche, la rend ridicule & affectée.

Ce qui contribue encore à la foupleffe de
nos nerfs, c'eft notre activité naturelle. Elle
ne leur laiffe pas le temps de s'engourdir.
Ils n'ont de repos que ce qui leur eft néceffaire; auffi les trouvons-nous toujours
difpofés à faire leurs fonctions. L'exercice
que nous nous donnons, joint aux autres
avantages de l'enfance du côté du corps, nous
procure un fommeil profond & tranquille.

Quand on s'eft bien donné du mouvement, on n'en goûte que mieux les douceurs
du repos. Notre tête eft à peine fur le che-
vet que nos yeux fe ferment. Nous nous
endormons auffitôt fur quelque penfée agréable ou fur un projet de partie de plaifir.
Les foucis ne nous caufent point d'infom-
nies. Il ne nous faut point préparer un lit
de duvet pour inviter le fommeil à nous accorder fes faveurs; la terre nous en tien-
droit volontiers lieu. Nous ne fommes point

Dij

obligés d'attendre le commencement de la digeſtion pour repoſer. Nous ne ſommes point forcés , pour appeller le ſommeil, de lire ces livres faſtidieux qu'on peut ranger dans la claſſe des meilleurs ſoporatifs. Quand nous repoſons , c'eſt avec tant de ſécurité, qu'il ſemble que toute la nature repoſe avec nous. Nous nous livrons au ſommeil d'un auſſi bon cœur qu'au jeu. Le bruit de l'artillerie nous éveilleroit à peine. L'amour d'une fauſſe gloire ne vient point nous arracher des bras du ſommeil , pour aller moiſſonner des lauriers teints du ſang de nos ſemblables. L'avarice ne nous force point de n'avoir qu'un œil fermé, & l'autre continuellement ouvert ſur un tréſor toujours prêt à nous échapper.

Notre ſommeil , quoique profond & tranquille , n'eſt point un ſommeil léthargique : ce n'eſt point le ſommeil de la mort. Quand nous dormons , notre corps n'eſt point immobile. Il ſemble au contraire qu'il ne s'aſſujettit qu'avec peine au repos. Après avoir dormi long-temps & ſans interruption , nous montrons à notre réveil un œil ſerein. Nous avons un air gai. Tous nos membres ne reſpirent alors qu'action & mouvement. Notre eſtomac leur donne le ſignal & commence le premier à demander de l'exercice.

Hommes, vous vous plaignez que l'eſpèce humaine dégénère ! On ne voit plus , dites-vous, comme autrefois des corps robustes & infatigables. Ce ne font plus préfentement que des ames foibles qui animent des corps efféminés. Vos plaintes font juftes, mais fur qui tombent-elles ? fur vous - mêmes. Soyez des hommes, & vos defcendans le feront auffi. C'eft la fleur, c'eft la vigueur de l'âge qu'il faut confacrer à l'état. Las des plaifirs, épuifés, prefqu'anéantis, vous rentrez dans la claffe des citoyens. Eh ! quel rôle pouvez-vous y jouer ?... Quels enfans pouvez-vous donner à la patrie, dans cet état de vieilleffe prématurée ? Vous vantez l'éducation Spartiate, cette éducation mâle & vigoureufe qui feule peut former des hommes. N'eft-elle pas une chimère dans l'état actuel des chofes ? Le germe de foibleffe & de langueur que nous apportons en naiffant, n'eft-il pas un obftacle invincible à l'exécution de vos projets ? Des mœurs, des mœurs, & vous verrez bientôt l'efpèce humaine fe renouveller. La patrie effuiera fes larmes, en voyant croître une nouvelle génération qui fera fon bonheur & fa gloire. Les avantages de l'enfance du côté de l'ame, font de nouveaux garans d'une révolution auffi heureufe.

Si les AVANTAGES de l'enfance fe bornoient au corps, fi fon bonheur ne s'étendoit pas au-delà des fens, fa condition feroit la même que celle de la brute. Il faudroit plutôt la plaindre que la louer ; mais elle n'eſt pas réduite, à beaucoup près, à ce triſte ſort : ſes avantages du côté de l'ame balancent au moins ceux du corps. Qu'on enviſage l'enfance ſous le double point de vue du cœur & de l'eſprit, on en eſt bientôt convaincu.

L'enfance conſidérée du côté du cœur eſt un état fort avantageux. En effet, moins on a de paſſions, plus on eſt heureux : en multipliant nos beſoins, les paſſions multiplient nos chaînes. Elles diminuent cette liberté de l'ame qui eſt le bien le plus précieux. Elles obſcurciſſent les lumières de notre raiſon, & rempliſſent notre eſprit d'erreurs & de préjugés ; triſtes effets que nous n'éprouvons point dans l'enfance. Comme la ſenſibilité, qui eſt le principe des paſſions, n'eſt pas grande chez nous, nous en avons par conſéquent peu, & elles ne nous agitent pas violemment. Nous ſommes, pour l'ordinaire, exempts de ces penchans tumultueux qui excitent dans l'ame ces orages ſi funeſtes à ſon repos. Nous ne ſentons point ces ſecouſſes violentes qui jettent l'homme hors de lui-même. Nous jouiſſons naturellement de cette tranquillité & de ce calme qui coûte au Sage tant de combats. La gaieté, qui brille ſur notre viſage, annonce la ſérénité de notre ame. Tous les évènemens ſont égaux pour nous, nous ne connoiſſons point la différence de la proſpérité & de l'adverſité. Le triſte ſouvenir du paſſé n'empoiſonne point parmi nous la jouiſſance du préſent. Contens du bien que nous avons entre les mains, nous ne ſommes point obligés de lire dans un avenir incertain, pour nous conſoler du préſent. Nous y voyons encore moins une longue ſuite de malheurs qui n'arriveront peut-être jamais. Les chagrins ne font que gliſſer ſur notre ame : ils ont la rapidité de l'éclair. A peine nos larmes ſont-elles eſſuyées, que nous revenons à la gaieté, qui eſt notre état naturel. Autour de ma *Balle* mes ſoucis s'envolent avec la pouſſiere. Que le Stoïcien vienne nous vanter ici l'égalité d'ame & la fermeté de ſon ſage. Elles ſe trouvent communément parmi nous. Cette Philoſophie dont on parle tant, & qui eſt ſi rare, cette Philoſophie qu'on affiche par-tout avec tant de faſte, cette Philoſophie ſi néceſſaire dans tous les états pour nous fortifier contre les diſgraces, nous l'avons ſans le ſecours de la méditation. Elle ne ſe borne point à une vaine ſpéculation. C'eſt ſur-tout dans notre conduite qu'elle éclate. C'eſt elle qui nous rend ſupérieurs aux évènemens. C'eſt elle qui nous délivre de bien des peines dont les hommes ſont ordinairement affectés. Elle ne nous rend ſenſibles qu'à la miſere de nos ſemblables : diſpoſition heureuſe, mais trop négligée dans notre éducation. Si on la cultivoit plus soigneusement, on feroit de nous des cœurs sensibles. Que de qualités renfermées dans ce mot !.....

Cette heureuse indifférence, dans laquelle nous vivons, nous affranchit de l'ambition & de l'intérêt. Nous ne sommes point dévorés du desir insatiable de nous élever les uns au dessus des autres. Le ton de familiarité avec lequel nous vivons est incompatible avec ce desir ; notre état est un état populaire : chacun y est maître. Nous faisons revivre parmi nous l'égalité primitive de l'âge d'or. Point de distinction, point de titres. Nous n'en connoissons qu'un, celui d'enfant, que nous partageons tous également. L'amour de la liberté est gravé dans nos cœurs. Quand quelqu'un veut primer parmi nous, quand il veut parler en maître, jaloux de notre indépendance, nous nous réunissons tous aussitôt contre l'usurpateur. Il faut alors qu'il se mette au niveau des autres, ou il est exclu de notre société comme un perturbateur du repos public. Sensibles au vrai mérite, c'est à lui seul que nous accordons des distinctions. Si quelqu'un brille dans nos jeux par son adresse, nous avons pour lui la juste déférence que méritent ses talens. Que les hommes viennent nous insulter à présent, & prendre avec nous un ton méprisant, quoi qu'ils en disent, nous sommes plus sensés qu'eux. Nous rendons-nous ridi-

cules comme eux par de folles conteftations
fur un droit chimérique de préféance ? At-
tachons-nous, comme eux, une grande importance à de vains titres qui ne donnent
pas le mérite, mais qui le fuppofent ? L'éclat
de la puiffance fait-il difparoître à nos yeux
les défauts des perfonnes qui en font revê-
tues ? Voit-on parmi nous des gens fe faire
de leur puiffance un titre pour opprimer les
foibles ? Oui, au milieu de nos jeux nous
fommes fouvent moins frivoles & plus équi-
tables que les hommes. Si nous perdons de
vue cette heureufe égalité qui étoit la fource
de nos plaifirs, il ne faut attribuer ce malheur qu'à une éducation mal dirigée. Au-
lieu de nous maintenir dans ces fentimens
d'eftime & d'attachement dont nous fommes pénétrés pour tout ce qui porte le caractère de l'humanité, au-lieu de nous convaincre de plus en plus que les hommes,
dans l'ordre naturel, font tous égaux, que
cet amour inné de la liberté & de l'indépendance gravé dans tous les cœurs nous im-
pofe l'obligation, fi nous fommes dans un
rang élevé, de les traiter avec humanité &
douceur, on nous montre de loin l'opulence
dans laquelle nous devons vivre un jour,
le rang que nous devons tenir dans la fociété. En voulant, dit-on, nous infpirer des
fentimens, on nous élève dans une dureté
& une hauteur oppofée en même temps &

D v

à l'ordre naturel & à l'ordre social ; notre ame qui s'ouvroit auparavant avec tant de facilité au doux sentiment de l'amitié, se resserre alors & s'endurcit. Cet ami à qui nous avions juré une amitié éternelle, cet ami qui partageoit nos plaisirs & nos peines, cet ami qui étoit lié avec nous par les nœuds d'une amitié d'autant plus sincère, qu'elle étoit le fruit du sentiment, nous le méconnoissons, nous oublions même jusqu'à son nom..... O tendre amitié, dont on ne goûte bien les douceurs que dans l'enfance, ta flamme ne s'éteindra jamais dans mon cœur ! Fussé-je élevé au plus haut rang ? le titre d'homme, le titre d'ami sera à mes yeux supérieur à tous les autres. La différence des rangs doit ennoblir l'amitié, & non la détruire.....

Toute amitié cesse dans le chemin de la fortune comme dans la carrière des honneurs. C'est l'intérêt sur-tout qui divise les hommes, & qui les arme les uns contre les autres. Cette guerre intestine, qu'il entretient continuellement parmi eux, ne trouble point le repos de l'enfance. Comme nos vues ne s'étendent pas au-delà du présent, l'intérêt ne peut pas nous dominer. Contens de peu, occupés à jouir, nous ne desirons rien. Nous voit-on essuyer les plus grandes fatigues & braver la mort même pour accumuler des trésors au - moins inutiles à notre bien-être ? Allons - nous fouiller dans les entrailles de la terre, pour en tirer l'inſtrument de nos malheurs ? La paſſion de théſauriſer nous porte - t - elle à toutes ces injuſtices, & à tous ces traits d'inhumanité ſi fréquens parmi les hommes ? Peu accoutumés à manier l'or, nous n'en contractons point la dureté. Nous ignorons l'art de dépouiller les autres avec les armes de la juſtice même. Il ne nous faut point d'arbitres pour terminer nos débats : nous ſavons nous rendre juſtice les uns aux autres. Nous n'empruntons point un organe étranger pour juſtifier nos haînes & nos injuſtices. Les Tribunaux ne retentiſſent point de nos clameurs & de nos plaintes. Ah ! qu'il ſeroit à ſouhaiter que les hommes fuſſent enfans ſur cet article ! . . . . .

Comme nos beſoins ſont très-bornés, nous avons toujours du ſuperflu. Nous ſommes toujours en état d'exercer notre généroſité & notre déſintéreſſement. Juſtes appréciateurs des richeſſes, nous ne les eſtimons qu'autant qu'elles ſont néceſſaires à nos beſoins. Ces beſoins une fois ſatisfaits, nous ſommes convaincus que le ſuperflu eſt fait pour ſoulager les beſoins des autres. Nous avons l'ame trop noble & trop élevée pour en priver nos ſemblables, & l'enfouir dans la terre, ou le cacher dans un coffre-fort. Nous ſavons trop bien faire circuler les eſpèces.

D vj

Ce droit de propriété, qui eſt le germe
de mille conteſtations parmi les hommes,
nous eſt inconnu. Nos amis ont autant de
droit à ce que nous poſſédons que nous-
mêmes. Nos mains ne ſont ouvertes que
pour donner. Homme avide & inſatiable,
quand mettras-tu des bornes à ta paſſion de
théſauriſer ? La terre ne prodigue-t-elle ſes
dons que pour toi ? La ſociété eſt-elle con-
centrée dans toi ſeul ? Viens, viens recevoir chez nous des leçons de modération.
Homme dur & impitoyable, viens apprendre chez les enfans à verſer des larmes ſur
la miſere de tes ſemblables. Ton cœur s'a-
mollira peut-être à la vue des exemples
d'humanité que nous te donnerons.

Exempts d'ambition & d'intérêt, l'eſprit
d'intrigue, qui fait ſouvent de la ſociété des
hommes une ſociété de fourbes & de trompeurs, ne règne point parmi les enfans. Nous
ne ſommes point occupés à épuiſer toutes
les fineſſes & tous les reſſorts d'une politique
inſidieuſe pour nous dépouiller ou nous ſup-
planter les uns les autres. Nous ne ſavons
point diſſimuler nos ſentimens pour décou-
vrir plus ſûrement ceux des autres. On n'en
voit point parmi nous qui aient le dangereux talent d'entrer dans la confiance des
gens pour les trahir plus facilement. Les enfans ne ſavent point cacher un cœur d'ennemi ſous un viſage d'ami : ſans fiel & ſans

aigreur , leur cœur ne fait qu'aimer. Trop francs & trop fincères pour marcher par des voies obliques & fonterrcines ; nous ignorons l'art de faire des dupes. On lit fi clairement au fond de notre ame , que nous ne pouvons pas même cacher nos propres fecrets ; nous nous montrons toujours tels que nous fommes. On n'eft intéreflé à fe mafquer que quand on eft difforme......

Nous ne fommes pas plus habiles à déguifer les autres que nous-mêmes : nous ignorons abfolument l'art d'apprêter la louange. Dans l'enfance , on n'a point le talent de donner des vertus à ceux qui n'en ont point, ou de pallier leurs défauts , ou d'exagérer leurs perfections : on eft dans l'ufage de nommer les chofes par leur nom. Si notre langue s'accoutume au menfonge , fi l'air de notre vifage devient moins ouvert & plus fombre, ce n'eft qu'à mefure que nous avançons vers l'âge viril. En devenant plus difcrets & plus réfervés , nous n'avons plus qu'un pas à faire jufqu'à la diffimulation ; & ce pas eft bientôt fait..... Nous perdons alors cette candeur & cette ingénuité qui rend l'enfance fi aimable. Les paffions, qui viennent nous affiéger alors , nous dépouillent bientôt de nos autres avantages.... Mais pourquoi nous occuper ici de pertes , tandis que nous jouiffons. Le détail de nos avantages du côté de l'efprit, fera certainement plus flatteur & plus agréable pour nous.

Une mémoire heureuse, une imagination vive, une grande liberté & une grande justesse d'esprit sont autant de qualités qui relèvent encore le mérite de l'enfance.

Les fibres du cerveau, à cet âge, ont tout ensemble assez de flexibilité pour recevoir sans peine les images que les esprits animaux y laissent des objets, & assez de consistance pour les retenir. De-là cette facilité que nous avons de nous rappeller les idées qui se sont déjà présentées à notre esprit, ou de nous représenter les images des objets qui ont frappé nos sens. Notre mémoire est si fidèle que rien ne lui échappe : nous n'oublions que les injures. Les objets y sont, pour ainsi dire, rangés tous à leur place, sans mélange & sans confusion : ils se présentent à notre esprit dès qu'ils sont appellés. Cette précieuse qualité est une grande ressource pour nous dans nos jeux & nos amusemens. Avec son secours, nous répétons tout ce que nous avons entendu, nous contrefaisons tout ce que nous avons vu, nous imitons le geste & le mouvement des artisans, dans les petits ouvrages que nous faisons : nous copions tout d'après nature. La matiere prend mille formes différentes sous nos doigts légers & industrieux. C'est elle qui nous rend les vrais fléaux du ridicule. Hommes, vous courez au théâtre pour en voir la peinture, venez au milieu de nous ; examinez avec quelle finesse nous en saisissons les moindres nuances : air gauche, manières ridicules, ton de hauteur & de fatuité, prononciation affectée, rien n'échappe à notre pinceau. Notre censure est d'autant plus sévère que nous ne connoissons ni la complaisance, ni le respect humain. Nous avons soin d'ailleurs d'appuyer de temps en temps nos leçons de quelques corrections, pour les rendre plus sensibles & plus efficaces. Qu'on nous donne le Petit - Maître le plus fat, le plus chargé de ridicules ; oui, nous le corrigerons de tous ses travers & de toute son impertinence, ou son mal sera absolument incurable. Ne vous imaginez pas, Messieurs, que notre censure se borne à l'extérieur & aux manières ; elle va plus loin, elle s'étend jusqu'à l'humeur, jusqu'au caractère. Si quelqu'un, parmi nous, est acariâtre, haut, insociable, on le raille, on le tracasse, on le harcèle sans cesse. Il faut absolument qu'il devienne plus souple, plus liant, plus sociable ; ou qu'il se détermine, à vivre seul, à être l'objet continuel de nos plaisanteries, & à essuyer souvent quelque chose de pis.

A une mémoire heureuse, nous joignons une imagination vive ; la délicatesse des fibres de notre cerveau contribue beaucoup à cette vivacité. Comme les moindres objets pro-

duisent dans ces fibres de grands mouvemens, notre ame s'en forme aisément des
images : c'est pour cela que notre imagination s'allume au moindre objet. Tout y
prend un corps, tout lui paroît grand. Cette
imagination, qui rend si souvent l'homme
malheureux, est pour nous une source de
plaisirs & de félicité. Si le chagrin ou l'ennui
vient m'accueillir, j'ai recours à mon imagination ; je bâtis un château en Espagne,
ou je crée un nouveau jeu, & me voilà
délivré de mes peines. Avec mon imagination, je sais me suffire à moi-même ; je
suis l'arbitre de ma félicité. Tantôt je m'é-
gare dans un bois charmant & délicieux,
où je jouis du repos & de l'abondance :
tantôt je me représente dans des palais
magnifiques où je parle aux Rois & aux
Grands ; tantôt, la couronne en tête, le
sceptre à la main, assis sur un trône, je suis
Roi moi-même, je gouverne sagement mes
sujets, & je triomphe de mes ennemis. Je
n'ai pas besoin, pour vivre content, de tous
les trésors que la terre renferme dans son
sein, de toutes les dignités & de tous les
titres que la vanité humaine a inventés.
J'imagine un château de carte, je le bâtis,
& me voilà plus content qu'un Crésus.

Quelque vive que soit l'imagination dans
l'enfance, elle ne nuit point au jugement,
On remarque ordinairement dans les quel-

tions & dans les réponses que nous faisons, du bon sens & de la précision. Il part de temps en temps de nos têtes des traits de lumiere qui étonnent les hommes eux-mêmes. Exempts de préjugés & de passions, nous jugeons sainement des choses : nous remontons toujours à la source. La prévention ne nous aveugle point; l'esprit de parti n'influe point sur nos décisions. Si nous n'avons qu'un petit nombre d'idées, au moins sont-elles à nous ? Nous ne les puisons ni dans les conversations, ni dans les livres. Il est rare que l'opinion d'autrui détermine la nôtre. Notre esprit ne s'exerce à la vérité que sur de petits sujets ; mais c'est faute d'expérience. Jugez, Messieurs, de ce qu'il est en état de faire, par la curiosité si naturelle aux enfans. Quel empressement ! quelle avidité de tout connoître & de tout savoir ! Rien n'est capable d'étouffer en eux ce desir; on a beau les rebuter ; les menacer, les châtier même, ils vous questionneront sans cesse, jusqu'à ce que leur curiosité soit satisfaite. Ont-ils une fois appris ce qu'ils vouloient savoir ? Quelle joie ! quels transports ! Ils ne sont point tranquilles qu'ils n'aient fait part de leurs découvertes à d'autres. Il ne manque donc à leur esprit que de l'aliment : qu'on lui en donne, il prendra bientôt l'essor.

Tout libre, tout original qu'il est dans

ſes idées, cette liberté a ſes bornes. Voit-on les enfans ſe livrer à ces profondes médi-tations qui n'enfantent, le plus ſouvent que des paradoxes, & qui ne ſervent qu'à prou-ver de plus en plus la foibleſſe de l'eſprit humain? les voit-on citer Dieu au tribunal de leur raiſon, pour lui demander compte de ſes jugemens & de ſes décrets? Non, leur eſprit ſait s'arrêter où il le faut... Eſprits auda-cieux & téméraires, qui voulez étendre l'em-pire de la raiſon au-delà de ſes juſtes bornes; qui affectez de ſoumettre à ſon examen le Ciel, la Terre & les Enfers; venez à notre école. Vous y apprendrez l'uſage que vous devez faire de vos foibles lumieres; vous ne tarderez pas à vous convaincre que la monarchie univerſelle de l'eſprit, à laquelle vous aſpirez, n'appartient qu'à Dieu ſeul; vous renoncerez à ces vaines ſpéculations, qui, au-lieu de diſſiper nos doutes, ne ſervent qu'à les multiplier.

Après tout ce que je viens de dire, peut-on refuſer à l'enfance les qualités de l'ame & du corps? Si les hommes vouloient nous les conteſter, j'en appellerois à eux-mêmes. Ne font-ils pas aſſez l'éloge de l'enfance par leur conduite? Ne font-ils pas tous les jours des efforts pour ceſſer d'être hommes? Après avoir commencé leur carriere par l'enfance, ne la terminent-ils pas ordinairement par cet aimable état? Sans recourir à d'autres preuves, l'air de satisfaction que je remarque sur vos visages, Messieurs, est le triomphe de ma cause. Je lis dans vos yeux le désir que vous avez d'être enfans : oui, vous ne soupirez plus qu'après cet heureux temps, qui est vraiment l'âge d'or : vous ne demandez plus que le hochet & la jaquette.

Aimable enfance, qu'il seroit à souhaiter que dans l'âge viril on fût animé de ton esprit ! La tempérance présideroit aux repas ; la vieillesse seroit la seule infirmité ; les plaisirs seroient simples & innocens ; l'intervalle immense que la différence des rangs met entre les hommes, seroit réduit à ses justes bornes ; l'équité seule régleroit les droits & termineroit les contestations ; la bouche seroit toujours l'interprête du cœur ; on vivroit dans l'union & la concorde ; la raison respecteroit les bornes que Dieu lui a assignées ; enfin l'homme se suffiroit à lui-même, & sauroit se rendre heureux autant qu'il peut l'être ici-bas.

DISCOURS
SUR L'ÉMULATION.

L'AMBITION n'eſt pas toujours injuſte & criminelle ; il en eſt une que les cœurs vertueux peuvent ſentir ſans remord. Je ne parle point ici de ce deſir inſatiable de s'élever au-deſſus & ſur les ruines des autres, d'enchaîner leur liberté pour abuſer plus ſûrement de la ſienne ; de cette paſſion pour la gloire, qui eſt trop ardente pour être délicate ſur le choix des moyens. Que l'ambition dont il s'agit ici, a un caractere bien différent ! c'eſt ce noble deſir d'imiter les vertus & d'acquérir les talens qui brillent dans nos rivaux ; c'eſt cette flamme vive, qui ne s'éteint que lorſque nous les avons égalés & même ſurpaſſés : c'eſt l'émulation.... à ce mot, les idées les plus nóbles ſe préſentent à l'eſprit ; les ſentimens les plus élevés naiſſent dans nos cœurs : autant l'ambition eſt violente & tyrannique, autant celle-ci eſt humaine & pacifique, la premiere fait des héros dont les lauriers ne ſont que trop ſouvent arroſés de nos larmes ; la ſeconde forme les citoyens vertueux, les hommes utiles & bienfaiſans ;

l'une ne médite que des défaſtres ; l'autre
n'eſt occupée que de projets utiles & de
bienfaits ; l'une donne des ſécouſſes à la ſociété ; l'autre en eſt le mouvement & la vie ;
la premiere n'a pour principe & pour règle
de ſa conduite que le droit violent du plus
fort ; la ſeconde eſt auſſi pure dans ſa ſource,
qu'utile & féconde dans ſes effets.

Qui eſt-ce qui ſe ſent embraſé d'un beau
feu, d'une noble ardeur à la vue des ſuccès & des actions de courage & de vertu
de ſes ſemblables ? qui eſt-ce qui éprouve
cette crainte de ne plus trouver rien de
grand à faire, & cette douleur que reſſen-
toit Alexandre à la nouvelle des exploits de
ſon pere ? eſt-ce cet homme dont l'ame ne
ſemble animer le corps que pour ſatisfaire
des beſoins phyſiques ; qui, plongé dans le
ſein de la volupté, n'exiſte & ne reſpire
que pour elle ; qui promene avec indifférence ſes regards ſur tout ce qui l'environne,
& n'y tient qu'autant qu'il contribue à ſes
plaiſirs ? eſt-ce cette tête étroite qui ne conçoit rien au-delà de ſon horizon, qui blâme
tout ce qu'elle n'eſt pas en état d'exécuter ;
qui, livrée à d'antiques préjugés & à une
routine aveugle, prétend renfermer ſon art
dans le cercle étroit de ſon génie ? eſt - ce
cet homme qui s'eſt chargé du rôle le plus
facile dans la ſociété, celui de cenſurer les
perſonnes qui ſont en action, qui ſemble

avoir choisi exprès un de ces titres & de ces états commodes qui dispensent d'être utile?... est-ce enfin cet homme qui, environné de ses richesses, s'en fait un rempart contre le mépris public, & regarde stupidement le travail & l'occupation comme ignobles; qui, concentré dans lui-même ou dans le sein de sa famille, s'y établit une espèce de société à laquelle il ne sacrifie que trop souvent la société générale? Non. L'émulation suppose de l'élévation & de l'étendue dans les idées, de la noblesse dans les sentimens, de l'activité & de l'énergie, de la sensibilité pour la louange & l'estime de ses semblables, le désir d'être utile: voilà les ressorts qui la font mouvoir.

Il faut savoir apprécier le mérite, pour avoir le désir de l'imiter; on en est déjà bien près quand on le sent... il faut franchir par la pensée l'intervalle qui nous sépare des hommes supérieurs dans notre profession, les suivre depuis leur entrée dans la carriere, examiner leurs progrès, peser les obstacles qu'ils ont eu à surmonter, calculer les ressources qu'ils ont mis en œuvre. Ce coup-d'œil familiarise l'homme avec les difficultés & lui révele le secret de ses forces... plein de cette noble confiance qu'inspire le talent, il cesse d'admirer avec cette stupidité qui annonce l'impuissance. C'est l'aigle qui, à mesure qu'il prend des for-

ces, s'éleve dans les airs, s'accoutume à regarder fixement le Soleil. Ses regards ne se
bornent point à la sphere qu'il a choisie, il
ose les porter sur les spheres voisines & plus
élevées, il s'intéresse aux succès de ceux qui
s'y distinguent ; il est, à la vérité, au-dessous
d'eux pour le mérite & les talens, mais l'é-
lévation & l'étendue des idées rapprochent
les hommes de tous les états, & leur donnent ce coup-d'œil observateur, qui les
met en état de se juger & de s'apprécier
les uns les autres . . . tous les genres de talent
se rassemblent alors sous ses yeux, il goûte
le plaisir de les estimer & de les admirer en
homme instruit.

Combien ce tableau varié n'étend-il pas
ses idées ! combien n'ennoblit-il pas ses sentimens ! son cœur s'agrandit alors comme
son esprit : accoutumé à juger les grands
hommes, l'envie de le devenir lui-même
commence à s'emparer de son ame. C'est
alors qu'il rougit de son inaction. En voyant
la noble poussiere dont ces généreux athlètes sont couverts, il se regarde avec une
espèce d'indignation ; il croit voir tous les
yeux tournés vers lui pour lui reprocher
son indolence ; son imagination lui représente tous ces hommes industrieux & actifs,
qui l'animent & l'encouragent, en lui mon-
trant leurs couronnes & leurs chefs-d'œuvre : tandis qu'on leur prodigue les louan-

ges & les applaudissemens, son ame est partagée entre l'admiration, l'envie, la honte & l'ambition. Honteux d'avoir été confondu jusqu'alors dans la foule des spectateurs, il brûle d'impatience d'entrer dans la lice & de partager avec eux l'estime publique; son ame pleine d'énergie & d'activité, est agitée d'une noble inquiétude, qui ne peut plus se fixer que dans l'action; le repos n'a plus de douceur pour lui, les amusemens auxquels il se livroit auparavant, lui font à charge, il se voue dès-lors au travail. Semblable à ces personnes qui ont été long-temps privées d'un bien cher & précieux, & qui, après l'avoir recouvré, en abusent dans les premiers momens de la jouissance, son ame s'élance avec d'autant plus d'impétuosité au-dehors, qu'elle a été plus long-temps renfermée en elle-même. Dans cette premiere ardeur, un seul objet ne suffit pas pour l'occuper; son esprit veut tout embrasser, périls, obstacles, traverses, rien ne le rebute, rien ne l'effraie; il semble que tout le feu dont les grands hommes qu'il se propose pour modèles, sont embrasés, ait passé dans son sein; il voudroit le communiquer à tout ce qui l'environne: aussi le spectacle des gens oisifs est-il un tourment pour lui; il sent, à cette vue, une indignation secrette & involontaire qui prouve que l'homme est fait pour l'action....

Il me semble

Il me semble les voir, ces hommes ardens & actifs, entraîner tout ce qui est dans leur tourbillon : tout cède à leur impulsion ; ce sont eux qui impriment le mouvement à la société ; sans eux elle resteroit dans un état de langueur & d'inertie. Ce sont eux qui sont à la tête de toutes les entreprises, & qui s'ensevelissent les premiers dans la mine. Faut-il affronter quelque danger ? faut-il surmonter quelque obstacle ? on les voit, on les trouve par-tout, il semble qu'ils se multiplient ; les autres hommes ne sont que leurs instrumens, souvent même ils agissent sans connoître le ressort qui les fait mouvoir.

Des hommes de ce caractere seroient-ils insensibles aux louanges & à l'estime de leurs semblables ? le desir d'être utiles leur seroit-il inconnu ? eh ! qui est-ce qui les soutiendroit dans la carriere ? n'est-ce pas là l'aliment qui nourrit & entretient l'émulation ? n'est-ce pas là ce feu vivifiant qui opere des prodiges ? Ces hommes généreux savent respecter l'opinion publique sans en être esclaves. Convaincus qu'il est dans l'ordre que les hommes nous jugent avant qu'un Dieu nous juge ; ils sont très-sensibles à leurs reproches ou à leurs louanges ; de-là leur délicatesse sur l'article de la réputation ; de-là ces sentimens d'honneur indépendans de tout préjugé, que l'Auteur de la nature a gra-

vés dans leurs cœurs : quiconque les a étouf-
fés., eſt incapable de grandes choſes. On
marche d'un pas plus ferme dans la route
de la vertu & du génie ſous les yeux d'un
public clairvoyant & attentif, qui obſerve
toutes nos démarches, qui juge nos fautes
& nos ſuccès : tous ces témoins dont on s'environne, & qui ſont ou nos cenſeurs ou nos
panégyriſtes, nous inſpirent une noble confiance & nous font triompher de notre penchant pour le plaiſir & le repos. Quand on
a ſu fixer leurs regards, on eſt jaloux de
conſerver cette faveur : elle nous enchaîne
à la vertu & au travail. La gloire devient
pour nous un beſoin. Accoutumés à n'entendre que des louanges & des applaudiſſe-
mens, on craint de rentrer dans la pouſſiere
d'où l'on eſt ſorti. Si quelquefois notre ardeur ſe ralentit, la gloire nous appelle au
bout de la carriere, & la réchauffe à la vue
des lauriers qui nous attendent ; notre ame
ramaſſe toutes ſes forces, s'éleve au-deſſus
d'elle-même, & comme un autre Antée, elle
combat avec plus de vigueur que jamais ;
les chûtes que nous faiſons, bien loin de nous
décourager, ſont pour nous des leçons & le
germe de ſuccès plus éclatans.

Contemplons ici pour un inſtant le champ
de la gloire. Quel feu ! quelle ardeur pour
mériter un coup-d'œil favorable des ſpec-
tateurs ! rivaux ſans jalouſie & ſans baſſeſſe,

les athlètes y combattent pour la gloire,
avec des fentimens dignes d'elle ; tantôt
vainqueurs , tantôt vaincus , ils ne ceffent
dans aucun temps d'intéreffer en leur faveur.
Comme ces antiques & ces précieux débris
qu'on voit toujours avec plaifir & avec étonnement ; ils confervent dans leur défaite même
cette élévation d'idées & de fentimens qui
les diftingue des ames ordinaires & qui leur
affure notre refpect & nos hommages ; la
gloire les a marqués de fon fceau. Le
defir de fe furvivre à eux - mêmes & de
perpétuer le fouvenir de leur nom , qui les
pourfuit fans relâche, eft une reffource iné-
puifable pour eux ; elle fait difparoître les
dangers & les obftacles ; les fentiers les plus
rudes & les plus efcarpés s'applaniffent fous
leurs pas.

A ce defir fe joint un motif encore plus
noble, celui d'être utile. J'ai vécu , fe difent
à eux-mêmes ces amis des hommes , & je
n'ai encore rien fait pour mes femblables.
Ces talens dont la nature m'a doué, ces biens
que je tiens de fa main libérale , la fociété
les réclame : après tout ce qu'elle a fait pour
moi , dois-je les lui refufer ? pénétrés de ces
fentimens , ils fe dévouent pour elle , ils
s'oublient totalement pour n'être occupés
que des autres ; les uns fe précipitent fur les
champs de bataille pour défendre la patrie ,
la mort qui fe préfente à eux fous mille

formes différentes, ne peut ralentir leur ardeur ; les autres s'enfeveliſſent dans leur cabinet, & ſe privent des douceurs & des agrémens de la ſociété pour penſer plus librement & pour éclairer leurs ſemblables : ceux-ci ſe livrent aux fonctions les plus pénibles & les plus obſcures, & embraſſent par choix des états où l'on ne joüit pas de ſoi, où l'on ne vit que pour les autres : ceux-là aiment à pénétrer dans ces aſyles où toutes les miſeres humaines paroiſſent raſſemblées, pour y ſatisfaire pleinement leur inclination bienfaiſante ; il ſemble, à en juger par leur empreſſement & leur ardeur, qu'ils ſe ſoient chargés d'acquitter eux ſeuls la dette du genre humain envers les malheureux . . . . d'autres ne ſont occupés que de projets & d'établiſſemens utiles : tout ce qui tend au bien, eſt de leur reſſort : propoſe-t-on quelque projet avantageux ? s'agit-il d'encourager un homme à talens, ou de favoriſer une découverte utile ? leur zèle s'allume auſſi-tôt, leur grande ame ſe montre toute entiere ; d'autant plus fermes dans leurs entrepriſes, qu'ils ſont plus convaincus de la pureté de leurs motifs, les traverſes & les contradictions ne ſervent qu'à redoubler leur courage ; ils ſavent que vouloir le bien, c'eſt ſouvent un titre pour être perſécuté : que l'envie, en recevant le bienfait d'une main, maltraite de l'autre le bien-

faiteur. Cette idée ne les effraie point ; victimes dévouées au bien public, il faut qu'ils
confomment leur facrifice ; ils aiment mieux
faire mille ingrats que de laiffer un feul
malheureux fur la terre. La volupté pure
qu'on goûte, en faifant des heureux, leur
fuffit & les venge pleinement des procédés
injuftes de l'ingratitude & de l'envie. Je
compare ces amis de l'humanité, à ces four-
ces d'eaux vives & falutaires, qui fuppléent
à la mauvaife difpofition du fol ou à la chaleur brûlante du climat. La providence les
a difperfés dans les différentes parties de
l'univers pour réparer les maux caufés par
la dureté ou l'infenfibilité des autres hommes.
Ces ames généreufes voudroient voir toute
la terre couverte des monumens de leur
bienfaifance.

Pourquoi la plupart des hommes font-ils
fi peu touchés de ces beaux exemples ? pourquoi jouiffent-ils tranquillement des bienfaits, fans faire aucun effort pour imiter leurs
bienfaiteurs ? manquent-ils de reffources ?
mais il n'eft aucun homme qui n'ait reçu de
la nature affez de talens pour fe rendre
utile & payer fon tribut à la fociété. Sont-
ils incapables d'émulation ? mais ils en portent tous le précieux germe dans leur cœur ;
qu'ils ceffent de l'étouffer, ou par une éducation molle, qui ne donne que des ames
foibles à la fociété, ou par un vil égoïfme

qui rétrécit l'ame & réduit tout à foi ; qu'ils ceffent de l'étouffer , ou par une pareffe inexcufable qui ralentit la marche de l'efprit & les efforts du talent, ou par une indolence de cœur qui empêche l'ame de fe déployer & de s'attacher fortement à aucun objet. Mille perfonnes qui font maintenant confondues dans la foule, qui paroiffent condamnées à l'obfcurité , prendront l'effor, étonneront par leurs fuccès , & prouveront, par leur propre expérience , combien l'émulation eft utile & féconde dans fes effets.

L'ÉMULATION, en mettant l'homme aux prifes avec lui-même & avec les autres, étend fon efprit, développe & perfectionne fes talens , ennoblit fes fentimens , affermit fon caractere , anime toute la fociété.

Qu'eft-ce que l'homme fans l'émulation ? c'eft un être ifolé , indifférent fur tout , fur le bien comme fur le mal , fur la gloire comme fur l'infamie , qui végète plutôt qu'il ne vit, qui ne fent prefque que les douleurs du corps , qui fuit la coutume fans l'examiner , qui ne regarde fon état, s'il en a un, que comme une reffource contre le befoin, & qui par conféquent l'exerce d'une maniere méchanique ; qui , femblable à la matiere , eft dans un état d'inertie & ne fait aucun effort pour s'élever . . . accoutumé à ramper autour d'un objet , il n'ofe porter fes regards fur tous ceux qui l'environnent.

Servilement attaché à son modèle , il se
traîne sur ses pas sans oser s'en écarter : son
esprit ne crée point ; aussi uniforme que
l'animal dans ses opérations, il est borné à
un petit nombre d'idées familieres & communes ; trop heureux encore si elles se trouvent vraies. Mais ce même homme est-il
une fois aiguillonné par l'émulation ? quel
changement subit s'opere en lui ! il semble
qu'il sorte d'un profond assoupissement. Le
monde change de face à ses yeux ; c'est un
nouvel ordre de choses ; le spectacle de la
nature , qui étoit auparavant pour lui une
scène muette, offre un vaste champ à ses réflexions ; mille objets qu'il remarquoit à
peine, frappent ses regards, & attirent son
attention ; mille idées dont il ne soup-
çonnoit pas même en lui le germe, s'offrent à son esprit ; il est étonné d'avoir
eu jusqu'alors des vues si bornées : l'habitude de la réflexion lui en fait naître tous
les jours de nouvelles ; tous les jours les plaisirs purs de l'esprit le renouvellent pour lui :
semblable à un voyageur qui porte ses pas
vers le sommet d'une haute montagne, &
dont l'horizon s'étend à mesure qu'il avance,
il multiplie ses connoissances à mesure qu'il
remonte aux principes.

Le monde moral offre aussi une matiere
inépuisable à ses réflexions. Il n'y fait pas
moins de découvertes que dans la physique ;

indifférent jufqu'alors fur tout ce qui s'y paffoit, il commence à prendre part à tout ce qui s'y fait de bien & de mal. Les motifs de toutes les actions dont il ne jugeoit auparavant que par l'écorce, n'échappent point à fes obfervations. Sa fagacité pénetre les reffcrts les plus fecrets de la conduite des hommes. La marche des paffions, l'influence qu'elles ont fur les événemens, les artifices qu'elles emploient pour faire illufion, tout fe dévoile à fes yeux.

Dans cette fermentation d'idées, fon talent fe développe. Après avoir parcouru plufieurs objets, il faifit enfin celui qui lui eft propre. Quelle joie ! quels tranfports à cette précieufe découverte ! il n'appartient qu'aux perfonnes accoutumées à goûter les plaifirs de l'efprit, de les peindre dans cette douce ivreffe, dans ces momens fi délicieux. L'homme à talens, plein du génie qui l'infpire, eft impatient de mettre la main à l'œuvre. Déjà le philofophe, par fes profondes méditations, dérobe à la nature fes fecrets, & en devient l'interprête. Déjà l'obfervateur, occupé fans ceffe à s'étudier lui-même, accoutumé à fe furprendre dans tous ces mouvemens que l'amour-propre eft fi ingénieux à nous déguifer, attentif à faifir toutes les occafions de connoître l'homme, perce tous les voiles fous lefquels le cœur humain s'enveloppe, & fonde les profon-

deurs de cet abîme avec tant de succès,
qu'il montre l'homme à l'homme même, &
le frappe par la vérité de ses portraits. Déjà
un autre Démosthene, par les foudres de
son éloquence, réveille l'amour de la patrie dans les cœurs, démasque la fourberie,
confond l'injustice, venge le foible de l'oppression de l'homme puissant, déjà il peint
la vertu aussi belle qu'elle est, & lui procure tous les jours de nouvelles conquêtes,
ou il tonne contre le vice & fait pâlir d'ef-
froi le méchant à la vue des supplices qui
l'attendent. Déjà le Poëte, par la beauté
de son imagination, me délasse de mes occupations sérieuses, charme mon ennui, & me
console de la privation des objets, par la
peinture vive, & naturelle qu'il en fait. Déjà
l'écrivain aimable devient le fléau du ridicule, par ses plaisanteries fines & délicates,
par un badinage ingénieux qui fait sourire
même celui qui en est l'objet. Déjà le sa-
vant se livre à des recherches pénibles, à
des discussions profondes, & se condamne à
un travail obscur & fastidieux, pour trouver
les traits de lumiere épars dans d'immenses
volumes, qui effraient autant par leur énorme
grosseur, qu'ils rebutent par leur sécheresse.

Leurs productions sont d'abord impar-
faites comme tous les premiers fruits du
génie. C'est un mélange de beautés & de
défauts; mais défauts qui portent l'empreinte

du talent. L'empreſſement de ſe montrer au public, la prédilection pour ſes premiers ouvrages, la voix de la critique qui ne s'eſt pas encore fait entendre, ſont autant d'obſtacles à leur perfection ; mais au bruit de leurs ſuccès, il s'éleve des rivaux, la critique tourne ſes regards de leur côté, les examine & les obſerve ; protectrice du bon goût, elle veut en venger les droits ; leur marche eſt alors plus circonſpecte ; leur goût s'épure ; leur jugement acquiert de la ſolidité ; leur imagination connoît des règles & s'y ſoumet : la jalouſie des rivaux qui compte tous leurs pas ; l'ambition de donner des ouvrages qui paſſent à la poſtérité, les oblige d'approfondir de plus en plus la théorie de leur art. On voit alors dans leurs ouvrages le génie ſans ſes écarts ; après leur avoir donné ce degré de perfection qui ſatisfait le critique le plus délicat, ils ont la gloire de devenir des modèles.

Ce que l'émulation fait pour l'eſprit, elle l'opere auſſi ſur le cœur ; à ſa voix les ſentimens s'élevent comme les idées. Comme on fait apprécier ſes ſemblables, on ſent en même temps les égards qu'on leur doit ; on eſt plus délicat ſur les procédés ; on ſait ſe reſpecter ſoi-même & reſpecter les autres ; nos obligations s'étendent & ſe multiplient à nos yeux ; mille actions qu'on négligeoit, rentrent dans l'ordre de nos devoirs.

Tel qui reſtoit dans une certaine médiocrité de vertu, qui s'endormoit, pour ainſi
dire, ſur ſes bonnes inclinations, qui croyoit
avoir ſatisfait à ſes devoirs, en ne faiſant
aucun tort à ſes ſemblables, commence à
ſentir qu'il leur doit quelque choſe de plus,
& qu'il faut ſe les attacher par les bienfaits,
pour mériter leur eſtime. L'émulation l'entraîne bientôt dans les ſentiers les plus difficiles. Cet homme, qui ne connoiſſoit preſque
que lui dans la ſociété, qui n'avoit pas le
courage de faire le moindre ſacrifice pour
elle, qui avoit même de la peine à concevoir qu'on en pût faire, ouvre avec complaiſance ſon cœur à tous les ſentimens d'humanité & de bienfaiſance; les actes de généroſité, les traits d'héroïſme, ne lui paroiſſent plus impoſſibles; tous les jours de
ſa vie ſont diſtingués par quelque bienfait
éclatant; ici, c'eſt un indigent dont il eſ-
ſuie les larmes; là, c'eſt le foible qu'il ar-
rache à l'oppreſſion; ici je le vois affermir
une fortune chancelante, encourager l'in-
duſtrie, ſe déclarer le protecteur d'un
homme à talens qui eſt ſans prôneurs &
ſans cabale; là, je le vois affronter tous les
traits de la haîne & de la vengeance, pour
voler à la défenſe de l'homme de bien qu'on
veut écraſer & livrer à l'infamie. Environné
de toutes ces perſonnes qui, en jouiſſant de
ſes bienfaits, ne ſe laſſent point de le re-

E vj

garder, ni de l'admirer, il triomphe avec plus d'éclat qu'un guerrier, au milieu des trophées & fur le char de la victoire.

Ce qui contribue fur-tout à relever fon mérite, c'eft ce caractère ferme que l'émulation donne à ceux qui font dociles à fes impreffions ; fon ame guidée par un motif fi noble, s'attache à un projet auffi fortement qu'elle le conçoit. Exempt de ces petites paffions, de ces vues d'intérêts, de ces motifs bas, de ces terreurs mal fondées, qui rendent les hommes fi petits dans leurs procédés & dans la conduite des affaires, il fe fait un point d'honneur d'y réuffir & le fuit conftamment ; s'il ne peut pas s'en diffimuler les difficultés, il voit du moins les reffources à côté des obftacles, avec ce fang-froid qui eft une fuite de la fermeté du caractère, & le gage le plus affuré des fuccès. L'imagination, qui rend ordinairement les autres hommes fi timides & fi irréfolus, en leur exagérant les périls & les difficultés, ne fert qu'à redoubler fon activité. Envain l'envie, ennemie naturelle du bien, fait jouer tous les refforts de l'intrigue ; envain elle s'efforce de multiplier les obftacles : envain fon entreprife paroît fur le point d'échouer, il ne fe décourage point. Convaincu que toutes les affaires ont un point de maturité d'où dépend leur fuccès, il attend avec tranquillité ce moment heureux & décifif, il le faisit, & sa constance triomphe de tous les obstacles.

L'émulation, en le mettant souvent aux prises avec les autres, l'accoutume à voir le danger de près & sans crainte ; il contracte tellement l'habitude de combattre, qu'il ne goûte une entreprise, qu'autant qu'elle est épineuse & remplie d'obstacles ; il lui faut des traverses & des contradictions ; ce sont pour lui autant d'occasions d'exercer son courage & ses talens, & de connoître les hommes. Je le compare à un lutteur vigoureux qui, lorsqu'il manque d'émules, va provoquer tous les champions qui sont dans l'arène.

Un homme de ce caractère, placé à côté du trône, est inébranlable dans ses résolutions. Déjà le tonnerre gronde, & l'orage est prêt à fondre sur sa tête ; déjà l'envie se dispose à le traverser ; déjà elle blâme ses vues & ses moyens, elle calomnie ses motifs, elle s'efforce de rendre toutes les bouches muettes sur son mérite ; déjà le peuple, qui est naturellement prévenu contre l'homme d'état, qui voudroit voir un projet aussi-tôt exécuté que conçu ; qui, faute de vues, n'envisage que le présent ; qui, dans son mécontentement, se livre souvent, sans le savoir, aux impressions des ennemis du ministere, & seconde leur malignité ; déjà le peuple éclate en murmures ; déjà le Souverain, lui-

même, environné d'une foule d'hommes médiocres & mal intentionnés, plus propres à
censurer les entreprises qu'à les concevoir
& à les exécuter, ouvre l'oreille à leurs discours insidieux ; dejà il est sur le point de
sacrifier son Ministre à la prévention & à
l'envie. A tous ces obstacles, celui-ci n'oppose que la patience , & elle lui suffit. Quelquefois il faut , ou qu'il renonce à ses projets, quelque avantageux qu'ils soient, ou
qu'il renonce à sa réputation pour un temps.
Déterminé comme il l'est, à rendre heureuse sa nation qui refuse son bonheur, &
à se sacrifier pour elle, son parti est bientôt pris. Occupé de ces grands projets qui
assurent la tranquillité & la félicité des Etats,
il marche alors d'un pas ferme, où son devoir l'appelle, à travers les reproches & l'infamie. Pour se consoler dans ses disgraces,
il a sous les yeux cette longue suite de
siécles & ce nombre infini d'hommes qui se
succéderont d'âge en âge, & qui le venge-
ront de l'injustice de ses contemporains ,
& ce qui est encore bien plus flatteur , le
témoignage de sa conscience.

Placé sur le trône , dans un temps où la
couronne, déjà assez pesante par elle-même,
l'est devenue encore plus par les circonstances, il ne s'en laisse point accabler. Faut-
il porter dans tous les détails de l'administration ce coup d'œil philosophique & ob-

servateur qui saisit avec précision le moment où les abus commencent, & où la législation doit éprouver des révolutions ? Faut-il réparer les désordres d'un regne foible ! Est-il forcé de vaincre ses sujets pour en devenir le pere ? Entreprend-il de réformer & de civiliser son peuple, de le créer pour ainsi dire ? Dans ces différentes positions, il montre cette intrépidité & cette confiance héroïque, qui ne voit & qui ne connoît les périls & les obstacles, que pour en triompher. Tout paroît ligué contre lui. Ici c'est un trône avili, à qui il faut rendre son antique splendeur : ce sont des sujets trop puissans pour être soumis, qu'il faut abaisser : c'est la considération perdue chez l'étranger qu'il faut recouvrer. Là, on ne marche qu'au milieu des troubles & des factions ; une partie de la nation est armée contre l'autre ; un voisin ambitieux & puissant souffle par politique le feu de la discorde ; dans son parti même, il est entouré d'hommes mercenaires qui veulent vendre trop cher leurs services, ou de jaloux & de mécontens. Là, c'est le préjugé, l'ignorance, un respect aveugle pour l'usage, qui réunissent tous leurs efforts pour traverser ses projets de réforme. Il a la douleur de ne voir que des ingrats & des hommes insensibles aux fatigues qu'il essuie, aux dangers qu'il court pour introduire chez eux les arts, l'industrie & l'abondance ; il en trouve jufques dans fa cour, & dans le fein de fa famille même. Que fera-t-il au milieu de ces écueils ? Cédera-t-il à l'orage ? Abandonnera-t-il lâchement fon entreprife ? Non, fon ame forte & magnanime rougiroit d'en avoir feulement la penfée ; elle répondra aux grandes vues que la Providence a fur elle, & les obftacles multipliés ne ferviront qu'à relever l'éclat de fes triomphes.

C'eft ainfi qu'un caractere affermi par l'émulation, prend l'afcendant dans tous les états & toutes les conditions ; il eft toujours plus actif, plus entreprenant, plus intrépide que les autres ; fa marche ferme & décidée, le fait toujours pénétrer plus avant ; auffi eft-ce par lui que les grandes révolutions s'operent, foit dans l'ordre politique, foit dans l'ordre des connoiffances humaines ; les ames ordinaires voient par-tout des périls & des obftacles ; les ames fortes les voient où ils font, & en triomphent.

Si l'émulation produit de fi grands effets chez les particuliers, que ne fait-elle pas dans toute la fociété ? À fa voix puiffante le monde femble fortir une feconde fois du chaos. Des Empires fe forment & fe policent ; des Villes s'élevent ; les Campagnes font cultivées & couvertes de moiffons ; les arbres fe courbent fous le poids agréable des fruits ; les places font remplies de riches marchandifes ; les ports font entourés de vaif-

feaux chargés des tréfors des deux mondes ;
on perce des montagnes ; on creufe des ca-
naux ; on éleve des remparts ; l'architecture
déploie fa magnificence dans les vaftes palais
qu'elle conftruit ; le marbre s'anime fous le
cifeau du ftatuaire ; on fait revivre les héros
fur la toile, & on y perpétue leurs exploits ;
on régle & on mefure les fons de la voix,
foit pour chanter les perfections & les bienfaits de la Divinité, foit pour chaffer l'ennui & adoucir les peines du travail ; l'ivoire,
l'airain & le bois, s'animent fous les doigts
légers de l'harmonie ; en un mot, l'induftrie
de l'homme met à contribution toute la nature pour fes befoins & fes plaifirs.

Tout eft en mouvement, tout eft en action ; le génie trace ici les plans ; là, des
bras actifs & vigoureux les exécutent. Dans
tous les états, dans toutes les conditions,
on contribue à l'envi, au bien public. Et
toi, homme indolent & fans émulation, tu
es feul dans l'inaction. Tout le monde veille
à tes côtés & tu dors ; ne devrois-tu pas te
réveiller à ce fpectacle ? Ne devrois-tu pas
fortir de cette indifférence, de ce lâche repos où tu languis ? Ouvre les yeux ; contemple la nature, par-tout elle te donne des
leçons d'activité. Ces globes de lumiere qui
font fufpendus fur nos têtes, font dans un
mouvement perpétuel. La terre, dépofitaire
des tréfors de la nature, ouvre tous les ans

ſon ſein pour te les prodiguer. Toutes les eſpèces d'animaux dont elle eſt couverte, ont chacune leur département. Leur nourriture eſt attachée à leur travail ; veux-tu donc être ſeul un poids inutile dans le monde ? Veux-tu t'engraiſſer des ſueurs & des travaux de tes ſemblables ſans les partager ? Ah ! ſi à la vue de tous ces témoins qui s'élèvent contre toi, tu ne rougis pas même de ta lâcheté, que faut-il donc pour te confondre ? Faut-il t'interdire une nourriture dont tu es indigne ? Faut-il verſer l'infamie ſur ton nom ? Faut-il te bannir de la ſociété ? Conſulte, conſulte du moins ton cœur, ſi tu n'as pas encore étouffé la voix de la nature ; jette les yeux ſur tous ces malheureux qui réclament ton ſecours & ton appui ; quand tu ne trouveras plus d'homme foible à protéger, d'indigent à ſoulager, d'ignorant à inſtruire & à éclairer, je conſens que tu te livres au repos & à l'oiſiveté.

LETTRE

A un Ami devenu Misantrope.

VOUS VENEZ enfin de rompre le silence
que vous gardiez avec tant d'opiniâtreté;
vous faites plus, vous m'honorez du titre
d'ami : puisque vous écoutez encore la voix
de l'amitié, puisque vous en respectez les
droits, je ne désespere point de vous voir
réconcilié un jour avec le genre humain que
vous avez abandonné si brusquement; non,
ce n'est point votre cœur que vous avez
consulté, en renonçant à la société. Il est
trop humain & trop sensible pour avoir sous-
crit à une séparation aussi triste. Vous avez
été la dupe d'une philosophie sombre & caustique, qui n'est occupée qu'à calomnier le
genre humain : vous vous êtes accoutumé à
ne voir que des vices dans l'homme, en lisant trop fréquemment ces invectives & ces
déclamations continuelles, qui ne servent
qu'à l'humilier & à l'aigrir contre le précepte,
au lieu de le corriger : pêtri de la plus vive
sensibilité, prompt à vous enflammer, aigri
par les contradictions & les mortifications
que vous avez essuyées dans certaines circonstances, l'humeur s'est mise de la partie : vous

avez voulu vous venger fur toute l'efpèce de
l'injuftice de quelques individus ; je vous l'ai
cependant dit fouvent : mettez-vous en garde
contre l'humeur : défiez-vous de toute philofophie qui tend à rompre les liens qui uniffent les hommes, & à étouffer ce penchant
que la nature nous infpire les uns pour les
autres : la vraie philofophie, & la feule qui
mérite ce nom, c'eft celle qui nous apprend
à fupporter nos femblables, & à jouir de leur
fociété : vous vous déchaînez dans votre lettre contre le genre humain : vous en faites
le portrait le plus noir avec ce ftyle ambitieux & plein de morgue des écrivains dont
vous ne vous êtes que trop nourri. Eh ! fondez
votre cœur ; examinez-vous avec un peu
d'attention : en découvrant vos foibleffes ,
vous ferez moins févere à l'égard de vos femblables : les abus que vous condamnez méritent, il eft vrai, votre cenfure, & je les condamne comme vous ; je ne vois pas, par exemple, d'un bon œil le divorce qui régne entre
le mérite & la fortune ; je blâme comme vous
cet intervalle immenfe, cette difproportion
énorme entre les rangs & les fortunes , qui,
malgré la politeffe de nos mœurs, livre la
portion la plus utile & la plus nombreufe de
la fociété au mépris & au defpotifme de quelques particuliers : je n'approuve pas plus que
vous ce luxe poli qui devient tous les jours

plus contagieux , ce raffinement de plaifirs qui étend de plus en plus nos befoins, qui, en nous accoutumant à une vie molle , dépouille l'ame de toute fa force & de toute fon énergie, qui nous donne un goût excluſif pour les talens frivoles & agréables. Je préfère comme vous la franchife & l'aimable candeur, à ces dehors trompeurs que l'ufage du monde exige & autorife : je ne faurois fupporter, non plus que vous, cette manie de differter , de raifonner fur-tout, & de réduire tout en problême, qui n'aboutit enfin qu'à nous faire vivre au hafard & fans principe. Mais tous ces abus viennent -ils de la fociété ? Si on s'eft écarté de l'ordre primitif, à qui faut-il s'en prendre ? A la corruption de quelques individus. Quoi qu'il en foit, vous devez convenir avec moi, que c'eft à la fociété à qui nous devons cette douceur de caractère, & cette urbanité de mœurs qui rend le commerce fi liant & fi facile parmi les peuples civilifés : à qui fommes-nous redevables de l'étendue de nos lumières, de la nobleffe de nos fentimens, du développement de toutes les facultés de notre ame, fi ce n'eft à la fociété ? C'eft fur ce vafte théatre que l'homme paroît tout ce qu'il eft. Où a-t-il puifé cet efprit d'ordre qui influe fur toute fa conduite ? N'eft-ce pas dans ce beau modèle que la fociété offre continuellement

à ses regards ? N'est-ce pas aussi la société
qui rend, pour ainsi dire, la nature entière
tributaire de ses besoins & de ses plaisirs ?
Puisque l'homme lui a tant d'obligations, il
est donc un ingrat, en l'abandonnant ; c'est
un fils dénaturé qui déchire le sein d'une
mère tendre, qui ne pense, qui n'agit, qui
ne travaille que pour lui : je vous ai entendu
quelquefois déclamer avec force contre le
suicide, employer les couleurs les plus vives
pour peindre l'absurde férocité de ce système
meurtrier : le Misantrope, à la destruction
de son être-près, ne fait-il pas pareillement
un vol au genre humain, en le privant d'un
membre sur lequel il a des droits si sacrés ?
N'est-il pas un lâche, en abandonnant le
poste qu'il occupe dans la société, pour quelque mortification, pour quelque revers qu'il
a essuyé ? Pour le punir de sa désertion, l'auteur de son être qui ne l'a pas doué de tant
de talens, afin de végéter dans une solitude,
qui l'a créé autant pour ses semblables, que
pour lui-même, le livre à l'ennui, le plus cruel
tourment de l'homme. Je suis persuadé que
vous avez déjà été affligé de ce fléau dans
votre retraite : vous avez beau nous en vanter
les charmes, elle n'est agréable que quand on
la partage avec quelqu'un. Vous y jouissez
à la vérité du spectacle de la nature ; je conviens avec vous que c'est une source féconde

de méditations & de réflexions ; mais l'homme ne peut pas toujours méditer ni réfléchir ;
il est même plus fait pour l'action que pour
la réflexion : aussi le tableau de la nature
est-il trop monotone & trop uniforme pour
occuper son génie actif, & pour fixer son
humeur inquiète... Il lui faut un tableau mouvant, une scène animée, telle que la société :
c'est là que son imagination trouve de l'a-
liment : la variété des objets & des occupations, la vicissitude des événemens ; la
nouveauté des scènes, dont il est continuellement témoin, & où il joue souvent lui-
même un rôle ; tout est capable de l'inté-
resser & de le fixer dans le monde : c'est là
qu'un observateur est à portée d'étudier
l'homme qui est le chef-d'œuvre du créateur ;
& cette étude vaut bien celle de la nature :
il a d'ailleurs le plaisir & l'avantage de communiquer ses idées à des êtres pensans, qui
lui font part à leur tour des leurs. Sans ce
commerce d'esprit, l'ame pourroit-elle se soutenir long-temps dans l'exercice de la faculté
de penser ? Quelque méditatif qu'on soit,
combien ne trouve-t-on pas de momens
vuides dans la solitude ! combien de fois ne
sent-on pas que l'homme ne peut se suffire
à lui-même, qu'il n'est pas fait pour vivre
seul, & que souvent la plus triste compagnie, c'est d'être avec soi-même !... Ne l'a-

vez-vous pas déjà éprouvé plusieurs fois ? Un tempérament bilieux & mélancolique comme le vôtre, n'est point du tout fait pour la solitude : elle doit lui être à charge plus qu'à tout autre : hâtez-vous donc d'en sortir : empressez-vous de dédommager la société de votre absence, par l'exercice constant & assidu de vos talens & de vos vertus : elle vous ouvre son sein : elle est prête à vous procurer tous les avantages dont vous jouissiez avant votre retraite. Venez donc vous réconcilier avec elle, & volez dans les bras d'un ami constant & fidèle, qui n'aspire qu'au moment de vous rendre à vos semblables : quelque prévenu que vous soyez contre eux, vous trouverez encore des hommes bienfaisans, qui savent accueillir le mérite & le récompenser ; des hommes vertueux, qui conservent le précieux dépôt des mœurs ; des esprits solides & judicieux, également éloignés du préjugé & de la manie du paradoxe & des systêmes : vous apprendrez avec eux à plaindre l'homme sur ses vices, à supporter ses imperfections, à rire de ses travers & de ses ridicules. La moisson en est abondante ; le monde n'est point changé sur cet article depuis que vous l'avez quitté. L'empire de la mode qui établit, change, réforme & décide de tout souverainement, ne cesse de les multiplier : ces hommes frivoles qu'on

nomme

nomme petits-maîtres, dont la vie est l'a-
brégé des travers & des ridicules du genre
humain, offrent tous les jours de nouvelles
scènes; vous pourrez vous égayer à leurs dépens. Vous rirez aussi de ce Midas qui nourrit
& paie des flatteurs pour encenser son ignorance; de ce nouvelliste visionnaire, qui
donne ses folles conjectures pour des maximes de politique, qui veut régler l'état au
lieu de mettre l'ordre dans son domestique;
de ce prétendu sage, qui est philosophe pour
le public, & qui est homme pour lui-même,
qui voit par-tout des préjugés, & qui pros-
crit souvent la vérité avec l'erreur; de ce fat,
qui, fier de sa naissance, se croit supérieur
aux autres hommes, parce qu'il est en état de
produire plus de titres de la vanité des choses
humaines; de ce nouveau parvenu qui, au
lieu de se faire pardonner son élévation,
par son affabilité & sa modestie, irrite au
contraire la jalousie par sa morgue & sa
hauteur, par un faste aussi ridicule qu'indécent. Vous parcourrez avec un œil observateur les différens états & les différentes
conditions; vous en saisirez l'esprit, les sentimens & les manieres; vous poursuivrez
l'homme par-tout afin de lui arracher son
secret, & de connoître à fonds tous les mouvemens de ce cœur, qu'il cache avec tant de
soin. N'est-ce pas une occupation mille fois

F

plus agréable, que de végéter & de s'ennuyer
dans un défert, de s'égarer dans les efpaces
imaginaires ? Votre fenfibilité fera fouvent
mife à l'épreuve parmi les hommes, il eft
vrai ; mais vous avez un ami : eh ! combien
d'hommes font privés de cet avantage : vous
pourrez dépofer vos peines dans fon fein :
l'amitié s'empreffera d'effuyer vos larmes :
elle fuppléera à tout ce qui vous manquera
dans la fociété. Avec un tréfor auffi précieux, pouvez-vous balancer un feul inftant
à vous réunir à vos femblables, & à celui
qui plus que perfonne, &c.

LETTRE A MADAME DE ***

Sur la mort de ſa Fille.

ON DIT ordinairement qu'il ne faut point raiſonner avec la douleur; je croirois cependant vous inſulter ſi je prenois avec vous une autre voie. La perte que vous avez faite, mérite ſûrement vos regrets. Cette fille ſi chérie, & ſi digne de l'être, réuniſſoit en elle toutes les qualités de l'ame & du corps. Il ſembloit que la nature eût pris plaiſir à la former & à l'embellir de ſes dons. C'étoit une fidèle compagne ou plutôt une fidèle amie, qui partageoit vos plaiſirs & vos peines. Toujours à vos côtés, elle ne ceſſoit de vous donner des marques de ſa tendreſſe & de ſon attachement. Née avec les mêmes goûts, les mêmes inclinations, les mêmes ſentimens que vous, vous retrouviez en elle une autre vous-même. Une éducation mâle & ſolide relevoit encore le prix de ces heureuſes diſpoſitions. Que de raiſons qui juſtifient votre douleur! oui, les larmes que vous avez verſées ſur ſa tombe, étoient un juſte tribut que vous deviez à ſa tendreſſe & à ſes vertus. Auſſi tous vos amis ont-ils pris part à votre affliction; bien loin de la condamner, ils ſe ſont empreſſés de mêler leurs larmes avec

F ij

les vôtres. Je me fais moi-même honneur de celles que j'ai versées dans cette triste circonstance ; mais il est un terme où la douleur la plus juste doit finir, & la vôtre l'a passé, ce terme. Vos larmes sont maintenant autant de murmures contre la providence, autant d'injures faites à la société, autant de crimes contre la tendresse que vous devez à votre époux, & aux précieux gages qui vous restent de votre union conjugale. Je conviens avec vous qu'il y a des choses qu'on ne peut refuser à la nature ; & qu'il en est aussi qu'on ne peut lui reprocher ; mais se livrer à la tristesse, comme vous le faites, n'écouter ni consolations, ni remontrances ; vous refuser à tous les amusemens qu'on vous procure ; remuer éternellement une vaine cendre pour nourrir votre douleur, c'est tomber dans un excès que la raison, que la Religion condamne. Où est donc cette fermeté que vous avez toujours montrée dans les revers & les disgraces ? Où sont ces sentimens de Religion que vous preniez tant de plaisir à inspirer à votre chère fille dès la plus tendre enfance ? Vous bénissiez autrefois la main qui vous frappoit ; vous vous révoltez maintenant contr'elle. Avez-vous donc oublié que la soumission aux volontés de l'Etre suprême est la disposition la plus convenable à la créature à l'égard de son

Créateur ? Avez-vous donc oublié que ce sacrifice de notre volonté est le premier hommage que nous lui devons ? Dieu vous re-
demande un dépôt qu'il vous a confié. Avez-
vous droit de le lui refuser. Il regarde vôtre
fille comme un fruit mûr pour l'éternité.
Etes-vous jalouse de son bonheur, ou la
croyez-vous moins heureuse dans son sein,
qu'elle ne l'étoit à vos côtés ? Ah ! essuyez
des larmes qui outragent la Divinité. On
vous entend dire quelquefois au milieu de
vos plaintes & de vos gémissemens, que votre
chère fille vous tenoit lieu de tout, que la
vie n'a plus de charmes pour vous depuis
que vous en êtes séparée : & cet époux qui
vous aime si tendrement, cet époux qui doit
vous tenir lieu d'une famille entière, n'est
donc rien à vos yeux ! & ces enfans qui ont
sucé le même lait, qui sont sortis du même
sein que votre fille, n'ont donc aucune place
dans votre cœur ? Et ces amis qui ne sont
occupés qu'à vous consoler, qu'à essuyer vos
larmes, sont donc indignes de votre affection ? L'Univers entier étoit donc renfermé
dans votre fille ? Quels sentimens !... je serois
tenté de croire que la providence vous l'a
enlevée pour vous punir d'une prédilection
aussi injuste... Mais non, j'aime encore mieux
me persuader que c'est l'excès de votre douleur qui vous égare. Vous déplorez votre

malheur : à vous entendre, il n'y a point
d'infortune pareille à la vôtre. Ecoutez les
cris aigus qui partent de ces triftes afyles,
où toutes les miferes humaines paroiffent
raffemblées. Jettez les yeux fur cette foule
d'indigens qui ont non-feulement la douleur
d'être le rebut de la fociété, mais qui fe
voient fouvent même privés des alimens les
plus néceffaires, & de ces fecours qu'on ne
refufe pas même aux animaux. Confidérez
cette mère défolée qui n'avoit qu'un fils pour
toute confolation & tout appui, & qui fe le
voit arracher d'entre les bras. Percez l'obfcurité de ce cachot ; voyez-y cet homme
pâle & défiguré qui, fans être criminel, en
a toutes les apparences, qui eft fur le point
d'expier fur l'échafaud, des forfaits qu'il
n'a point commis. Au lieu de vous plaindre,
vous fléchirez les genoux devant Dieu,
vous le remercierez mille fois de tant de faveurs que vous avez reçues de fa main bien-
faifante. Ne croyez pas qu'en vous tenant ce
langage, je veuille infulter à votre douleur,
Ah ! fi les larmes qui coulent fans ceffe de
vos yeux, pouvoient faire reverdir cette jeune
plante qui vient d'être moiffonnée dans fon
printemps, fi vos foupirs pouvoient rendre
le fouffle à votre aimable fille ; loin de blâmer l'excès de votre douleur, je me ferois
un devoir de l'entretenir ; je mêlerois même,

s'il le falloit, mes larmes avec les vôtres. Mais vous le favez comme moi, quand la nature nous a enlevé fes dons, elle ne nous les rend plus. S'affliger alors avec excès, c'eft aller contre fes loix éternelles. C'eft troubler inutilement fon repos & celui des autres ; je le dirois prefque, c'eft attenter à fes jours. Oui, il eft certain que la profonde mélancolie dans laquelle vous êtes plongée, vous précipitera dans le tombeau, fi vous n'y remédiez. Il eft à craindre même qu'elle n'y entraîne en même-temps votre époux & vos enfans. Le poifon lent qui vous mine infenfiblement, a déja infecté toute votre maifon. Il n'y regne plus qu'un morne filence ; on n'y voit plus que des vifages abattus ; on n'y entend plus que des foupirs ; tous les plaifirs en font bannis ; à peine y prend-on une légere nourriture. Ai-je befoin de vous en avertir ? Eft-ce que vous ne vous en appercevez pas vous-même ? Les yeux d'une mere tendre font pourtant bien perçans, votre époux & vos enfans attendent de vous le fignal de la vie ou de la mort. Avez-vous à balancer fur le choix ? Rendez-vous donc à vous-même, à votre famille, à vos amis : effuyez des larmes fi funeftes, montrez un front plus ferein, jettez des regards de tendreffe fur votre époux & vos enfans ; vous les verrez bien-

tôt s'empresser à vous dédommager de la
perte que vous avez faite. Si vous vous obf-
tinez dans votre douleur, vous n'êtes plus
digne des doux noms de mere & d'épouse.

J'ai l'honneur d'être avec respect, &c.

ENTRETIEN

Sur le caractere d'Alexandre-le-Grand,
& sur son Gouvernement.

ARISTE & CLÉANTHE.

Ariste. Je viens de quitter une compagnie où l'on a maltraité très-fort Alexandre.

Cléanthe. Tu as sans doute pris son parti ; car c'est ton héros.

Ariste. Oui, je l'ai défendu avec beaucoup d'ardeur ; mais, malgré toutes mes raisons, je n'ai pu rien gagner sur toutes les personnes qui composoient l'assemblée. On a même avancé que Philippe étoit supérieur à son fils.

Cléanthe. Sous certains rapports, oui, Philippe étoit d'abord plus sage & plus mesuré dans ses vues qu'Alexandre. Il avoit un caractere plus soutenu. Son courage froid & tranquille ne le cédoit point à la valeur brillante du conquérant de l'Asie.

Ariste. Oui ; mais Alexandre avoit plus de ce qu'il faut pour former un héros. Il avoit l'ame plus grande, le caractère plus élevé, le génie plus vaste que son pere.

Cléanthe. Dis plutôt qu'il avoit une ame exaltée, un caractère exagéré.

Ariste. Je ne vois point cela, moi ; l'ame des héros, des hommes à révolutions nous

F v

paroît exaltée, & leur caractère exagéré parce que nous sommes dans une situation tranquille, parce que nous nous mettons rarement à la place de ceux que nous jugeons; & c'est ce que j'ai bien fait sentir dans la compagnie où je me suis trouvé; on accusoit Alexandre de témérité....

Cléanthe. Avoit-on si grand tort?

Ariste. Ecoute-moi jusqu'à la fin, & tu jugeras ensuite. On accusoit donc Alexandre de témérité; & moi, j'ai soutenu que cette témérité prétendue, étoit le fruit de sa politique & de la profonde connoissance qu'il avoit des hommes.

Cléanthe. Et moi, je l'attribuerois plutôt à son humeur bouillante & impétueuse.

Ariste. C'est que tu n'as pas assez réfléchi sur les circonstances où se trouvoit notre héros. Ce prince n'ignoroit pas qu'il devoit paroître un homme extraordinaire aux yeux de ses troupes pour leur inspirer de la confiance.

Cléanthe. Cette raison-là l'autorisoit-elle à être téméraire?

Ariste. Ecoute; il savoit encore que la valeur est la qualité que le soldat estime le plus dans son Général, parce qu'elle le rapproche plus de lui que toutes les autres.

Cléanthe. Après.

Ariste. Comme il concevoit d'ailleurs des projets vastes & d'une exécution très-périlleuse, auroit-il pu déterminer ses soldats à le

fuivre s'il n'avoit pas pris fur lui la meilleure
part des fatigues & dangers ?

Cléanthe. Ce que tu dis-là peut le juftifier
jufqu'à un certain point ; mais il eft toujours
vrai de dire qu'un général n'eft point un foldat.

Arifte. Pour l'ordinaire, oui ; mais Alexandre étoit forcé d'être autant foldat que général. Et fi tu t'obftines à le faire paffer pour
téméraire, prefque tous les héros font dans le
même cas. Je te citerois d'eux une foule
de traits de valeur qui pafferoient pour des
coups défefpérés s'ils n'étoient pas juftifiés
par le fuccès.

Cléanthe. Qu'eft-ce que cela prouve ?

Arifte. Cela prouve qu'il ne faut point juger
un héros fuivant les régles ordinaires. Il en
eft de lui à cet égard comme du génie. Le
génie a des hardieffes qu'on prendroit au
premier coup-d'œil pour des écarts , mais
qui font réellement des beautés. S'il s'élève
quelquefois au-deffus de l'art , c'eft pour en
reculer les limites.

Cléanthe. Pour fuivre ta comparaifon la
marche du héros nous paroît donc quelquefois irrégulière parce que nous n'en péné-
trons pas les motifs.

Arifte. Sans doute ; & c'eft ce que nous
devons toujours fuppofer quand nous les
jugeons.

Cléanthe. Je voudrois bien favoir préfentement comment on établiffoit dans ta

compagnie la supériorité de Philippe sur Alexandre.

Ariste. On disoit que s'il n'y avoit point eu un Philippe de Macédoine, il n'y auroit point eu un Alexandre.

Cléanthe. Cette proposition-là me paroît assez juste. On ne peut pas contester à Philippe la gloire d'avoir préparé les merveilles du règne de son fils, en tirant la Macédoine de l'obscurité où elle étoit, en subjuguant la Grèce, en formant sur-tout les excellentes troupes & les grands capitaines qui suivirent Alexandre dans toutes ses expéditions.

Ariste. Je ne la lui conteste pas non plus : mais tout ce qu'on en peut conclure, c'est que Philippe étoit un grand homme, & Alexandre un héros.

Cléanthe. Quelle différence trouves-tu donc entre un grand homme & un héros ?

Ariste. La voici : c'est que le premier ne s'élève que par degrés & qu'il ne doit sa gloire qu'à une longue suite de travaux, à ses réflexions profondes & à son expérience, au lieu que le héros a le coup d'œil de l'aigle : il étonne les esprits & s'annonce pour ce qu'il est dès les premiers pas de sa carrière.

Cléanthe. Je comprends bien ce que tu dis. Mais si Alexandre a pris un essor plus rapide & plus brillant que son père, c'est qu'il s'est trouvé placé tout-à-coup au milieu de la carrière.

Arifte. Je conviens avec toi que c'étoit un avantage pour lui.

Cléanthe. Conviens auffi qu'il y a du bon-heur dans les réputations comme dans les fortunes. Si on les examinoit avec rigueur, on verroit qu'elles ne font fouvent que l'ou-vrage de la prévention.

Arifte. Oh ! celle d'Alexandre a un fon-dement plus folide.

Cléanthe. Tiens, mon ami, tu juges ici com-me la plupart des hommes qui n'admirent que ce qui brille & ce qui frappe leur imagination.

Arifte. Tu t'ériges là en cenfeur. Comment faut-il donc juger ?

Cléanthe. Pour bien juger du mérite des hommes célèbres dans la guerre & la poli-tique comme dans les fciences & les arts, il faut examiner le point d'où ils partent. Crois-tu par exemple que celui qui trace le premier le fillon, ait moins de mérite, quoique fon tra-vail foit plus obfcur, que celui qui le continue ?

Arifte. Mais crois-tu toi-même qu'Alexan-dre n'auroit pas pu opérer dans la Macé-doine la même révolution que fon père ?

Cléanthe. Cela auroit bien pu arriver. Tel prince a des talens pour étendre un empire, pour lui donner du luftre & de l'éclat, qui ne feroit pas propre pour en jetter les fon-demens. C'eft un autre génie, c'eft une autre marche. Auffi les grands hommes font-ils toujours placés fous l'époque & dans les cir-

conftances où ils peuvent être utiles & déployer leurs talens.

Arifte. Avec tous tes raifonnemens tu ne
prétends pourtant pas ravir à Alexandre le
rang qu'il occupe parmi les héros.

Cléanthe. Il faut diftinguer deux époques
dans ce prince. Jufqu'à la bataille d'Iffus j'en
fais beaucoup de cas ; mais, après cette fa-
meufe journée, on voit auffi fouvent l'homme que le héros dans le vainqueur de Darius.
Les folies de l'orgueil, fes emportemens,
fes excès de débauche, font-ce là de beaux
traits ?

Arifte. Non fûrement. Mais où ne trouve-
t-on pas des taches ? Les ames fortes font
fujettes à de grandes paffions. Leurs vices
comme leurs vertus, tout eft marqué chez
elles à grands traits. Il faut obferver d'ailleurs qu'on les juge avec plus de rigueur que
les autres, parce qu'on en exige plus de perfection.

Cléanthe. Dis-moi donc. Ne faut il point
ufer d'indulgence à l'égard de ceux qui
font paffionnés pour la gloire, qui veulent
abfolument occuper une place avantageufe
dans notre opinion ? On feroit bien bon. Oh !
on ne doit accorder fes éloges & fon admiration qu'à bon titre.

Arifte. Il ne faut pas être pour cela trop
févere. Quand on veut juger de la beauté
d'un tableau, on en examine tous les traits.

On ne s'arrête pas simplement aux ombres qui s'y trouvent.

Cléanthe. C'est qu'il y en a beaucoup dans le vainqueur de Darius.

Ariste. Elles ne sont pas aussi fréquentes que tu te l'imagines. Au reste, il est si supérieur aux autres hommes dans ce qu'il a de beau & de grand, qu'on ne doit point faire attention à ses fautes. On doit en user à son égard, comme à l'égard des esprits élevés & nés pour le sublime. Leur composition est moins correcte & moins soutenue que celle des écrivains médiocres. Ils donnent même plus de prise à la critique, & cela n'est point étonnant. Quand on prend un vol élevé, on fait quelquefois des chûtes. Mais les beautés de génie dont leurs écrits sont remplis, rachètent bien ces défauts & leur donnent une grande supériorité sur les autres.

Cléanthe. C'est une maniere adroite de pallier les fautes d'Alexandre. Mais comment justifierois-tu sa passion excessive pour la gloire, sa manie des conquêtes?

Ariste. Il me semble que je ne réussirois pas auprès de toi; car tu ne me parois pas bien prévenu en faveur de ses triomphes & de ses exploits.

Cléanthe. A te dire le vrai, je ne les regarde pas comme la partie la plus brillante de sa vie.

Ariste. C'est pourtant dans ces expéditions & ces conquêtes qu'il a déployé l'énergie de son caractère, l'intrépidité de son ame & ses talens distingués.

Cléanthe. S'il se fût borné à humilier les Perses, à abaisser leur puissance & à assurer par-là la tranquillité de la Grèce, rien de mieux. Mais troubler le repos du genre humain, déclarer la guerre à tout l'univers, c'étoit déployer des talens à pure perte.

Ariste. Tu fais bien peu de cas de la gloire des conquêtes. Un conquérant cependant est un de ces hommes extraordinaires, nés pour régner & pour changer la face de l'univers ; Pensées, actions, sentimens, projets, tout est grand dans lui. A son nom seul on est saisi d'étonnement & de respect.

Cléanthe. Tournons la médaille maintenant. Un conquérant selon moi est un homme né pour troubler le repos de la société. pensées, actions, sentimens, projets, tout en lui n'en annonce que le tyran. Une ambition excessive, une témérité heureuse, un génie remuant & entreprenant ; peu d'humanité, voilà son caractère. Des vices brillans & tumultueux, des actions qui ont un air de grandeur & de singularité, voilà les fondemens de son héroïsme.

Ariste. Tu ne flattes pas tes portraits.

Cléanthe. Au reste, je peins les objets tels qu'ils sont.

Ariste. Ton dessein n'est pas cependant de

confondre Alexandre avec ces conquérans qui traînoient après eux une multitude de barbares & de tigres altérés de sang & de carnage, qui ne laissoient sur leur passage que des traces de dévastation, qui n'ont pas su conserver leurs conquêtes.

Cléanthe. La marche de ton héros est à la vérité un peu plus régulière & moins féroce : la différence qu'il y a entre eux & lui, c'est qu'il tourmentoit les hommes plus poliment.

Ariste. Ah ! tu ne rends pas justice à la pureté de ses motifs. En subjuguant les peuples, son dessein étoit de les rendre plus heureux.

Cléanthe. Voilà un moyen singulier de faire du bien. Il falloit être Alexandre pour en faire usage.

Ariste. Son dessein n'est pas aussi ridicule que tu le penses.

Cléanthe. Allons donc, tu fais tort à ton jugement en raisonnant ainsi. Pour l'honneur de ton héros n'insiste pas davantage sur le projet extravagant de monarchie universelle qu'il avoit conçu.

Ariste. Si tu faisois attention à sa manière de gouverner, tu verrois qu'il avoit réellement envie de faire des heureux & d'enchaîner les hommes par ses bienfaits.

Cléanthe. Dis-moi donc ; l'homme est-il Dieu ? Peut-il porter ses regards sur la vaste étendue de l'univers & le gouverner à son gré comme cet Être suprême?

Ariste. Non sûrement ; mais le projet d'A-lexandre , tout gigantesque qu'il étoit, ne pouvoit être conçu que par un génie vaste, par une ame ferme & intrépide.

Cléanthe. Tu es furieusement épris de la gloire des conquêtes. Sais-tu bien que les héros doivent souvent leurs succès les plus brillans à un heureux concours de circonstances.

Ariste. Qu'ils ont su ménager par leur prudence, & dont ils ont profité avec habileté.

Cléanthe. Souvent ils y entrent pour très-peu. Les hommes destinés à jouer un grand rôle , les hommes à révolutions ont un pres-sentiment secret de leur haute destinée , & c'est ce qui les rend si entreprenans. Il semble qu'ils n'agissent que par inspiration ; tant ils sont frappés de cette idée qu'ils marchent sous les yeux de la divinité d'une manière plus particulière que les autres hommes... Qu'on lise leur histoire, on y découvre, sous des traits assez marqués, une puissance supérieure qui guide leurs pas , qui applanit une grande partie des difficultés de leur carriere , qui ménage & prépare des événemens & des circonstances favorables à leurs vues. S'il paroît quelque chose d'extraordinaire chez eux , c'est l'effet de la protection visible de cette puissance supérieure. Les hommes qui ne remontent point à cette cause, leur en font ordinairement honneur ; & voilà l'origine de leur célébrité.

Ariste. Tu ne prétends pas cependant les confondre avec les autres hommes. Cette protection spéciale de la Divinité dont tu conviens toi-même, annonce leur supériorité.

Cléanthe. Je le sais : l'auteur de la nature, dans les révolutions, dans les grands événemens, emploie toujours des instrumens dignes de lui. Ce qui les distingue sur-tout, c'est la force de l'ame, c'est l'énergie du caractere.

Ariste. Parce que ces qualités sont nécessaires à l'accomplissement des grandes vues qu'il a sur eux, parce qu'ils sont obligés de surmonter beaucoup d'obstacles, d'affronter de grands dangers.

Cléanthe. Tu en reviens toujours à ta gloire des armes. Mais mets-toi donc dans l'esprit qu'il est une gloire plus personnelle, une gloire qui appartient plus au génie & aux talens. Qui est-ce qui place Alexandre au rang des plus grands hommes ? C'est son Gouvernement, c'est sa politique, c'est l'influence qu'il a eue sur son siécle. Voilà les traits que tu aurois dû citer en sa faveur dans la compagnie où tu t'es trouvé.

Ariſte. Auſſi l'ai-je fait ? Mais on étoit ſi prévenu contre lui qu'on n'a pas daigné m'écouter.

Cléanthe. Comment ! on n'a pas admiré cet art avec lequel il ſut faire du peuple vainqueur & du peuple vaincu un ſeul peuple, l'habileté avec laquelle il cimenta ſi ſolidement toutes les parties de ſon nouvel Empire, que pendant ſa vie, & même après ſa mort, aucune Province de Perſe ne ſe révolta.

Ariſte. Au contraire, on lui a reproché d'avoir adopté l'habillement & les uſages des Perſes ; d'avoir laiſſé aux Grands du pays, le gouvernement des Villes & des Provinces.

Cléanthe. Ceux qui lui font ces reproches, font de fort mauvais politiques. Rien ne flatte plus une nation, rien ne nous concilie plus ſon affection, que de ménager ſes préjugés, de reſpecter ſes mœurs & ſes uſages, & de les adopter. Alexandre étoit trop éclairé pour ne pas le ſentir ; il ſavoit auſſi que la Majeſté du trône devoit briller avec plus d'éclat aux yeux des Orientaux, qu'à ceux des Grecs qui avoient été juſqu'alors un peuple libre.

Ariſte. Que répondras-tu au ſecond reproche ? Il me paroît un peu mieux fondé.

Cléanthe. Pas plus que le premier. Le Conquérant de l'Aſie, en laiſſant aux Grands de la Perſe & des Pays qu'il avoit conquis, le gouvernement des Villes & des Provinces, leur marquoit par-là de la confiance, & se les attachoit plus étroitement ; il donnoit à ses nouveaux sujets des Gouverneurs qui leur étoient agréables, qui étoient intéressés à maintenir leurs loix & leurs usages.

Ariste. Mais n'exposoit-il point par-là son nouvel empire aux révoltes & aux séditions ?

Cléanthe. Il avoit trop bien pris ses mesures pour craindre quelque soulèvement. En confiant l'autorité civile à ces Gouverneurs, il avoit eu la politique de ne donner le commandement des troupes qu'à des Officiers de sa nation ; par-là, la puissance militaire étoit toujours entre ses mains, & c'étoit un moyen sûr de les contenir ; d'ailleurs il avoit fondé dans l'Asie un grand nombre de Villes où il avoit établi des Colonies greques qui servoient encore de contrepoids, & qui l'assûroient de la fidélité de ses nouveaux sujets.

Ariste. Le trait sur lequel j'ai le plus appuyé en faveur de son gouvernement, c'est le deuil universel des Perses à sa mort.

Cléanthe. Tu as eu raison. C'est un des traits qui font le plus d'honneur à la mémoire de ce Prince. On voit peu de Conquérans sur la tombe desquels on ait versé des larmes.

Ariste. Tu vois par-là que le vainqueur

de Darius avoit de l'humanité dans le caractère.

Cléanthe. Oui, & c'est cette humanité que je ne peux pas concilier avec l'ambition, qui est une passion cruelle & injuste.

Ariste. C'est assez difficile à la vérité. Au reste, notre Héros n'est pas le seul qui ait réuni en lui des qualités qui paroissent incompatibles. L'homme n'est-il pas un amas de contradictions ? Tel voit d'un œil tranquille, dans un champ de bataille, toutes les horreurs du carnage, qui porte souvent dans la société un caractère de douceur & de sensibilité qui étonne.

Cléanthe. Tu n'as point parlé sans doute de l'influence qu'il a eue sur son siècle.

Ariste. Non.

Cléanthe. Tu as eu tort, car c'est là son triomphe ; c'est là ce qui le distingue des Tamerlan, des Gengiskan, & de ces autres Conquérans qui ont traversé de vastes régions, comme des torrens impétueux, qui n'ont opéré que des révolutions momentanées.

Ariste. Je crois cependant, autant que je peux me le rappeller, avoir parlé de son amour pour les lettres.

Cléanthe. C'est à cette occasion là que tu aurois dû dire qu'il avoit changé la face de l'Orient, qu'il y avoit adouci les rigueurs du despotisme ; que la civilisation y avoit fait des progrès rapides fous fon règne ; qu'il avoit élevé l'efprit & le caractère de fes nouveaux fujets, en leur infpirant le goût des lettres ; qu'il avoit toujours protégé les hommes célèbres dans les fciences & les arts, & que c'étoit par-là qu'il avoit mérité de donner fon nom à fon fiècle.

Arifte. C'eft vrai. J'aurois dû faire valoir ce moyen là en fa faveur, mais j'étois trop occupé à le juftifier fur fes conquêtes, fur fon amour pour la gloire.

Cléanthe. Dis plutôt fa paffion pour la gloire. Alexandre a outré le caractère de Conquérant ; il a préféré mal-à-propos la renommée à une réputation folide, & voilà ce qui arrive à tous les hommes paffionnés pour la gloire ; ils prennent un vol trop élevé. Dans les fciences, ils afpirent à l'univerfalité des talens qui eft une chimère : Qu'en réfulte-t-il ? C'eft que leur mérite eft plus en furface qu'en profondeur ; c'eft qu'ils jouiffent d'une réputation plus étendue que folide.

ENTRETIEN

Sur la gloire des armes entre un Philosophe & un Conquérant.

L̃e Conquérant. Vous me paroissez fort indifférent sur mes triomphes & mes victoires. Tandis que tout le monde s'empresse à me louer & à m'admirer, vous gardez un silence bien profond ; quel est donc le motif de cette conduite.

Le Philosophe. Je craindrois de vous entretenir dans votre erreur, si je grossissois le nombre de vos admirateurs.

Le Conquérant. Voilà un langage un peu mystérieux pour moi ; je vous prie de vous expliquer plus nettement, je ne suis pas philosophe.

Le Philosophe. Il seroit à souhaiter que vous le fussiez pour le repos du genre humain. Quoi qu'il en soit, le langage que vous trouvez si obscur, ne l'est pas autant que vous vous l'imaginez. Jettez un peu les yeux sur les épines dont la carriere dans laquelle vous êtes entré, est semée, vous en devinerez très-facilement le sens, & vous serez forcé d'avouer que les hommes vendent trop cher leur encens.

Le Conquérant. Quand il en coûteroit un

peu

peu pour se faire un nom, n'est-on pas bien dédommagé de ses peines, en voyant les autres hommes ramper à ses pieds ? Est-il un spectacle plus flatteur & plus séduisant pour une ame élevée ?

Le Philosophe. L'instant d'illusion n'est pas encore passé. Je vois bien que l'encens qu'on vous prodigue, formé au tour de vous un nuage qui vous empêche d'apprécier les lauriers dont vous êtes si jaloux ; si vous voulez me le permettre, je vais les peser dans une juste balance, avec les peines & les traverses qu'on éprouve dans votre état, & vous prouver que les hommes, en vous mettant au nombre de leurs héros, ne peuvent pas vous compter parmi leurs heureux.

Le Conquérant. Au milieu des applaudissemens & des acclamations, dont tout retentit ici, vous voulez, je crois, prendre le ton d'un censeur ; ce rôle me paroît fort extraordinaire dans la circonstance présente.

Le Philosophe. S'il est extraordinaire, au moins n'est-il pas déplacé. Il seroit à souhaiter que la voix d'un censeur se fit entendre au milieu des flatteurs, dont les grands sont entourés. Ce qu'il diroit, serviroit de contrepoids. On les éleve trop : pour lui, il les mettroit à leur place.

Le Conquérant. Pour la singularité du fait, je vous permets de me démontrer qu'on est malheureux, en faisant retentir l'univers du

bruit de ſes exploits, & que j'ai eu tort de
me livrer à cette noble occupation.

Le Philoſophe. Rien de plus facile que
cette démonſtration. Se mettre, par exemple,
en parade, devant une foule de jaloux qui
ne penſent qu'à ſe venger du tribut d'admiration qu'ils nous paient ; expoſer à leur
cenſure & à leur malignité toutes ſes actions
& ſes démarches ; affronter les rigueurs des
ſaiſons ; braver volontairement tous les dangers ; ſe priver de tous les plaiſirs ; ſe faire
un cœur de fer ; vivre dans une gêne &
un tourment continuel pour gagner un regard favorable de cette multitude, eſt-ce là
une vie heureuſe ?

Le Conquérant. Laiſſez les peines & les
traverſes aux hommes ordinaires ; elles ne
ſont pas de notre ſphère ; nous ſommes trop
ſupérieurs à nos ſemblables pour être ex-
poſés aux mêmes miſeres.

Le Philoſophe. Vous conviendrez au moins
avec moi que vous êtes auſſi ſenſibles qu'eux,
pour ne pas dire plus, aux revers & aux diſgraces ; or, combien n'en arrive-t-il pas dans
le chemin des honneurs & de la gloire ? Vous
êtes maintenant l'homme du jour, vous brillez
ſur la ſcène, on vous prodigue tous les éloges,
on vous couronne, & on vous éleve juſqu'aux cieux. Tout peut changer de face.
Vos admirateurs à qui il faut varier les ſpec-
tacles, peuvent ſe laſſer de vous, quand une

fois vous aurez épuisé leur curiosité, leur
admiration & leurs éloges ; un autre peut
paroître sur la scène & vous éclipser ; enfin
vous pouvez faire quelque faute , essuyer
quelque échec. On ne vous tiendra plus
compte alors de vos peines ni de vos travaux ; on vous rendra aussi peu de justice
qu'à un Athlète qui, après avoir fourni glo-
rieusement plusieurs carrieres , trouve enfin
son vainqueur. Quelles inquiétudes, quelles
transes ne donne pas ce coup-d'œil à un
cœur qui ne se nourrit que de gloire !

Le Conquérant. Avec des talens supérieurs
on fixe ces inconstans, on les force d'admirer.

Le Philosophe. Je veux pour un instant ,
que vous soyez du nombre de ces hommes
rares qui ont su les fixer : mais combien ne
vous en coûtera-t-il pas ? On a beau se fier
sur son mérite. Le spectacle de tant de chûtes
faites dans votre carriere , alarme le plus pré-
somptueux. Avouez-le franchement ; avez-
vous joui un seul instant de vous-même ?
avez-vous goûté un seul instant les douceurs
& les avantages de la société ?

Le Conquérant. Je pourrai les goûter quand
je me serai fait un nom : je me reposerai
alors à l'ombre de mes lauriers.

Le Philosophe. Le héros, dans le sein même des projets les plus tumultueux, se flatte
ordinairement de pouvoir parvenir à cette
tranquillité. Il s'imagine qu'après avoir obtenu

ſes titres d'heroïſme, il pourra vieillir dans l'oiſiveté. Mais quelle ſurpriſe pour lui, il ſe croit au terme de ſes travaux, & tous ſes jaloux qu'il ſuppoſoit écartés & confondus, l'examinent encore, & tentent de le faire rentrer dans la foule... Il faut ſoutenir alors ce nom qu'il a acquis : il faut ſatisfaire des gens, qui, comme autant d'Euriſthées, ne ſont occupés qu'à multiplier ſes travaux. Ceſſe-t-il d'agir ? Ceſſe-t-il de paroître extraordinaire ? On l'oublie, on le mépriſe. Il éprouve le ſort de ces dieux du vulgaire idolâtre, qui, dans une parure magnifique, recevoient ſon encens & ſes hommages. Les dépouilloit-on de cette parure ? Ils étoient auſſi-tôt abandonnés de leurs adorateurs.

Le Conquérant. Vous voulez faire de nos admirateurs autant de jaloux. Pouvons-nous avoir des rivaux parmi des gens qui ne tendent point au grand, qui n'ont jamais été guidés par la gloire. C'eſt nous avilir, c'eſt nous dégrader.

Le Philoſophe. Vous croyez donc prétendre ſeuls, vous autres héros, aux louanges & à l'eſtime. Vous vous trompez. L'amour de la gloire eſt né avec tous les hommes. Par cet amour ils deviennent tous vos rivaux : ils vous regardent comme autant d'uſurpateurs qui veulent envahir des lauriers qu'ils ſe croient en droit de partager avec vous. Au milieu de ces jaloux vous reſſemblez à

des arbres qui, environnés de mille arbrif-
feaux, ne parviennent qu'avec peine à les
couvrir de leur ombre.

Le Conquérant, A voir ces hommes qui
ne femblent penfer & agir que pour leurs
befoins, qui paroiffent n'être différens, de la
brute que par un peu plus de raffinement fur
ces mêmes befoins, n'eft-on pas tenté de les
croire infenfibles à la gloire?

Le Philofophe. Aviliffez-les, dégradez-les,
tant que vous voudrez. Comment pourrez-
vous concilier, fans l'amour de la gloire, ces
applaudiffemens & ces louanges qu'ils vous
prodiguent?... Croyez-vous que des hommes
renfermés dans un cercle d'idées relatives à
des befoins communs avec la brute, s'em-
barrafferoient fort de vous louer? il faut
donc admettre au moins dans vos admirateurs, un inftinct de gloire. Que fait-on
même? Entre vous & ces hommes que vous
rabaiffez tant, il n'y a peut-être de différence qu'une paffion pour la gloire, plus ou
moins forte.

Le Conquérant Ne voudriez-vous point
préfentement nous faire entrer en parallele
avec des gens nés pour ramper, & pour
vivre dans l'obfcurité, des gens animés de
fentimens auffi bas que leur état?

Le Philofophe. A ce langage, je crois vous
voir prêt à mettre quelque nation dans les
fers. Accoutumé à envifager vos femblables

G iij

comme vos esclaves, toujours les yeux fixés sur le trône, vous n'avez jamais jetté qu'un coup-d'œil rapide sur eux ; mais un philosophe toujours occupé à observer, fait faire un peu plus de cas de l'humanité que vous.

Le Conquérant. Ce n'est ni l'orgueil, ni la prévention qui me fait tenir ce langage. J'ai beau chercher, j'ai beau examiner. Je n'apperçois point les raisons qui peuvent vous porter à faire de tous les hommes autant de rivaux de notre gloire. Je ne vois point chez eux, par exemple, cette noble ambition qui nous distingue & nous caractérise.

Le Philosophe. L'ambition ! cette passion descend du trône jusqu'à l'état le plus obscur. Dans toute condition, on ne cherche qu'à porter le sceptre parmi ses égaux. On se trouve trop resserré dans sa sphère : on prend l'essor, & on tend à une plus élevée. On fait tout pour se tirer de la foule. Combien de magistrats, dans leurs petites villes, ne disent-ils pas comme César : *j'aimerois mieux être le premier d'un hameau, que le second dans ma ville.*

Le Conquérant. On a donc tort de regarder l'ambition comme la passion des grandes ames, puisque vous la trouvez dans le cœur du dernier des hommes.

Le Philosophe. Point du tout ; on n'appelle l'ambition, la passion des grandes ames, que parce que toutes les autres lui paroisfent fubordonnées chez vous, & qu'il femble que vous ne foyez animés que de cette paffion. Chez les hommes ordinaires, c'eft différent. Elle paroît confondue avec les autres ; fon empire n'éclate point pour le repos de la fociété. C'eft cependant le refſort fecret qui les fait agir.

Le Conquérant. Je ne faurois me réfoudre à confondre une paffion auffi noble avec ces inclinations baffes & viles du peuple, qui bien fouvent n'annoncent pas un être penfant.

Le Philofophe. Ces inclinations baffes & viles du peuple ne font pas auffi incompatibles, que vous le croyez, avec l'ambition & l'amour de la gloire. Je choifis pour preuve, la plus ignoble, l'avarice. Il n'en eft point certainement qui s'accorde moins avec la gloire. L'avare cependant, en entaffant fes tréfors, ne les contemple qu'avec des fentimens de vanité. Affis fur fes coffres, il aime à fe comparer à tel & tel célèbres par leur opulence ; il s'applaudit de la fupériorité qu'il a fur eux. Quelques millions de plus ou de moins, font pour lui les différens degrés de l'héroïfme.

Le Conquérant. Quand nos admirateurs feroient autant de rivaux de notre gloire, quand ils ne feroient occupés qu'à multiplier les obftacles & les dangers de notre carrière, il y a au-moins des plaifirs dont ils ne peuvent nous priver. Comptez-vous pour rien cette joie secrète de nous voir supérieurs aux autres ? N'est-ce pas là la volupté la plus pure ?

Le Philosophe. Faites un peu réflexion sur sa courte durée. Vous vous applaudissez, il est vrai, vous vous admirez même dans votre élévation. Un air de singularité vous séduit, & dans ces accès de vanité, vous jettez un regard dédaigneux sur la foule qui marche à vos pieds. Que cet extase dure peu ! Un instant de réflexion vous rapproche bientôt de ceux que vous dédaigniez avec tant de faste. Le tableau humiliant des manœuvres & des artifices que vous employez pour éblouir vos admirateurs, fait bientôt disparoître votre supériorité prétendue.

Le Conquérant. Notre supériorité prétendue ! Les autres hommes n'en jugent pas de même. Cette admiration, cet étonnement avec lequel ils nous considèrent, n'est-ce pas là un aveu assez marqué de leur infériorité & de l'impossibilité où ils sont de nous égaler ?

Le Philosophe. Qu'ils rabattroient bien de cette admiration, s'ils pouvoient vous suivre dans toutes vos actions & vos démarches ; mais heureusement pour votre héroïsme, ils ont beau vous examiner avec des yeux jaloux ; diftraits par d'autres objets, ou occupés de leurs plaifirs, ils vous perdent bientôt de vue. Pourvu que vous agiffiez, ils font contens... Enveloppés pour lors dans votre gloire, vous reffemblez à ces ouvrages de mécanique qu'on admire & qu'on regarde comme des prodiges ; les mouvemens en paroiffent fi compliqués, qu'on ne fait à quoi les attribuer. Qu'on les ouvre, qu'on en développe le méchanifme: on eft furpris de voir un fimple reffort faire mouvoir ces machines. Que vos admirateurs percent de même l'enveloppe qui vous couvre ; que verront-ils ? des hommes fujets aux mêmes foibleffes & aux mêmes paffions qu'eux, qui doivent toute leur célébrité à un heureux concours d'évènemens & de circonftances qui leur a fourni l'occafion de déployer leurs talens & leur paffion pour la gloire.

Le Conquérant. Vous ne vous contentez pas de faire de nous des malheureux : vous voulez encore, je crois, nous ravir nos lauriers. Je ne vous ai point chargé cependant d'examiner les droits que nous avons à l'héroïfme.

Le Philofophe. Vous humiliez tant les autres hommes, que je me fuis cru dans l'obligation de les venger. Au refte, puifque

le parallèle vous déplaît, il est fort aisé de
l'interrompre.

Le Conquérant. Je crois que vous n'appré-
ciez pas comme vous le devriez, cette satisfaction intérieure que nous goûtons au milieu
des éloges.

Le Philosophe. Cette satisfaction est bien
tempérée par les peines du cœur qui ne sont
pas les moins sensibles. L'ambition avec sa
cruauté fastueuse, vous représente envain
les autres hommes comme des victimes qui
lui appartiennent : l'humanité ne peut perdre ses droits sur vous. Elle vous les fait
sentir avec d'autant plus de force & d'étendue, que vous paroissiez plus déterminés à
en secouer le joug. Dans l'ivresse de la gloire
& dans le tumulte des armes, vous les per-
dez de vue pour quelques instans; mais l'illusion cesse-t-elle ? revenus pour lors à vous-
même, vous êtes forcés de jetter des regards
de compassion sur ces campagnes couvertes
de corps morts qui semblent se ranimer pour
vous reprocher votre barbarie. Ce caractere
de férocité que vous étalez avec tant de
faste, vous êtes forcés de vous en dépouiller
pour gémir & verser des larmes sur vos fu-
reurs . . . barbare dans les plaines de Phar-
sale, César n'a-t-il pas été obligé d'être humain sur les bords de l'Egypte, & d'y pleu-
rer Pompée & les Romains immolés à son

ambition ? J'en appelle à vous-même , n'avez-vous pas déjà éprouvé ces sentimens d'humanité ?

Le Conquérant. Oüi , il faut l'avoüer, nous surmontons les obstacles , nous dévorons les chagrins & les inquiétudes , nous bravons les dangers, nôtre intrépidité affronte tout, & vient à bout de tout ; il n'y a que ces reproches & ces remords dont nous ne pouvons triompher. Nous avons beau chercher le tumulte & l'éclat , joüer le héros pour oublier l'homme , nous ne pouvons nous dérober à ce cri de l'humanité. . . .

Le Philosophe. Il se fait encore entendre ici par ma voix , ne soyez pas sourd à ses remontrances. Renoncez à cette passion pour les révolutions & les conquêtes , imitez l'Auteur de la nature ; il offre toujours le même spectacle , & ce spectacle est celui de la bienfaisance . . . quelle douce volupté ne goûterez-vous pas alors à la vûe de votre peuple qui vous environera avec empressement , & qui , en joüissant de vos bienfaits , jettera sans cesse sur vous des regards avides , & animés par la tendresse & la reconnoissance : vous serez mille fois plus heureux que ce héros guerrier, qui , au milieu d'une cour de satellites, assis sur un trône de fer , toujours le glaive en main , n'est

G vj

occupé qu'à multiplier les miseres de l'humanité.

Le Conquérant. Vous peignez bien le Prince guerrier, & tous les maux qu'il se fait à lui-même & aux autres ; mais s'il est malheureux, s'il est un fléau, faut-il toujours l'attribuer à la dureté de son caractere ? ses admirateurs crient quelquefois contre la passion de se faire un nom ; ils se plaignent qu'il lui sacrifie les droits les plus sacrés. Ne lui ouvrent-ils pas eux-mêmes la carriere par leurs applaudissemens ? ne lui mettent-ils pas le fer dans les mains ? ne sont-ils pas trop sensibles eux-mêmes à la gloire des armes ?... Parcourez leurs fastes, tous les peuples n'y partagent-ils pas tour-à-tour cette gloire avec une espèce d'émulation ? n'y mesure-t-on pas la célébrité d'une nation sur le nombre des coups qu'elle a portés à la société ? leurs historiens, qui devroient détruire un préjugé aussi funeste, n'en augmentent-ils pas souvent l'autorité ? Un Prince qui n'a point fait trembler la terre, n'est-il pas souvent, à leurs yeux, un Prince oisif & sans talens, un Prince indigne d'occuper leur plume ?

Le Philosophe. On sait apprécier maintenant la gloire des armes. Graces à la philosophie, l'humanité est rentrée dans ses droits. Autrefois les historiens ne peignoient le

Conquérant qu'avec une espèce d'enthousiasme ; mais aujourd'hui ils savent rendre
justice aux Princes pacifiques & bienfaisans,
& ils leur donnent les premieres places dans
le Temple de mémoire.

Le Conquérant. Sur ce pied-là, l'ambitieux qui ensanglantoit la terre pour se faire
un nom, la rendre heureuse pour la même
fin. L'héroïsme & le bonheur pourront alors
être réunis. Pour moi, je renonce avec joie
à la gloire des armes, & je vais essuyer les
larmes que j'ai fait couler dans mes Etats, en
y rétablissant la paix & en y faisant fleurir les
arts & l'abondance.

ENTRETIEN

*Sur la Conjuration de Catilina,
& sur l'esprit de faction.*

EUDOXE, ARGASTE, PHILINTE.

Eudoxe. Je suis charmé de vous ren-
contrer ici, mes amis ; il faut que je vous
communique quelques observations que j'ai
faites sur la conjuration de Catilina.

Argaste. Tu nous feras plaisir. C'est un des
événemens les plus importans de l'Histoire
Romaine.

Philinte. Il est d'autant plus intéressant,
qu'il a donné lieu à deux ouvrages, qui sont
des chefs-d'œuvre dans leur genre.

Argaste. N'es-tu pas surpris, mon cher
Eudoxe, qu'un homme aussi corrompu, aussi
décrié que Catilina, ait pu trouver des complices, qu'il ait pu former une conjuration ?

Eudoxe. Dans les beaux jours de la République, il n'auroit sûrement pas exécuté
son projet ; mais dans l'état de dépravation
où elle étoit alors, il pouvoit trouver aisément beaucoup de citoyens de son caractere.

Philinte. Effectivement depuis la dictature

violente & tyrannique de Sylla, les Romains n'avoient plus cette vertu, ce respect pour les loix qui sont les fondemens du gouvernement républicain. Rome étoit déjà disposée à porter les fers dont elle avoit chargé l'univers.

Argaste. Mais, pour être à la tête d'une faction, il faut avoir au moins de l'ascendant sur les esprits ; &, pour obtenir cet ascendant, il faut en être estimé & considéré.

Eudore. Quand on veut dominer sur des ames honnêtes ; mais, pour maîtriser une jeunesse corrompue comme l'étoit alors la jeune noblesse romaine, il ne falloit que lui ressembler.

Philinte. Eudoxe a raison. C'est une vérité que l'expérience confirme tous les jours. Voulez-vous être l'ami, l'idole de la jeunesse ? flattez ses penchans, caressez ses desirs, égarez-vous, perdez-vous avec elle, & vous êtes sûr du succès.

Eudoxe. Eh ! comment Catilina n'auroit-il pas réussi ? il avoit réduit le libertinage en système . . . il s'étoit fait un plan raisonné de débauche & de séduction, comme d'autres s'en feroient un dans les opérations militaires ou dans les affaires civiles.

Argaste. Tu conviendras au moins avec moi, qu'il joignoit à ce raffinement de débauche d'autres talens qui l'ont servi dans ses desseins.

Eudoxe. Je n'en disconviens pas. Catilina réunissoit la plupart des qualités d'un chef de faction, un caractere ferme, une imagination féconde en projets, une éloquence forte & animée; une adresse singuliere pour manier les esprits & pour les maîtriser par leurs passions; une audace qui ne connoissoit aucun obstacle, une impudence qui ne rougissoit de rien.

Philinte. Je trouve quelques traits de ressemblance entre lui & Cromvel : tous deux étoient également fourbes & artificieux, tous deux n'avoient ni religion ni principes : ils avoient l'un & l'autre ce sangfroid, cette intrépidité dans le crime qui caractérise les grands scélérats.

Eudoxe. Oui, mais Cromvel avoit plus de profondeur dans l'esprit, plus de justesse dans les vues, plus de suite dans les opérations. Catilina avoit assez de talens pour former un complot; mais le régicide anglois étoit un tyran adroit qui savoit régner; s'il étoit habile à former des complots, il étoit aussi habile à en profiter.

Philinte. On ne pourroit pas porter, à la vérité, le même jugement du premier. Je suis persuadé que, si sa conjuration eût éclaté., il n'auroit pas recueilli le fruit de ses crimes.

Eudoxe. Pourquoi ? parce que Catilina étoit un de ces esprits qui ne brillent que dans le désordre & dans le tumulte des factions : mais s'agit-il de rétablir l'ordre après l'anarchie., ils n'ont plus ni pénétration ni lumieres : aussi la conjuration de ce mauvais citoyen étoit-elle plutôt un complot de brigands., qu'une faction bien concertée.

Argaste. Puisque c'étoit un complot de brigands., pourquoi les citoyens les plus distingués de la République la regardoient-ils d'un œil indifférent ? pourquoi Cicéron fut-il forcé de lancer les foudres de Démosthène pour les réveiller de leur assoupissement?

Eudoxe. Il n'y a rien d'étonnant dans ce procédé. Les citoyens les plus distingués & les plus puissans de Rome aspiroient secrètement à la souveraine autorité. Comme ils ne pouvoient réussir qu'en donnant une violente secousse à l'état, ils n'étoient point fâchés que le coup fût porté par une main étrangere pour n'en avoir pas l'odieux.

Argaste. Il falloit être bien mauvais citoyen, pour être indifférent sur les projets détestables de ce monstre : ils vouloient donc régner sur des cendres & des débris.

Eudoxe. Le patriotisme, sous cette époque, étoit étouffé dans presque tous les cœurs. Il n'existoit plus, pour ainsi dire, que dans l'ame de Caton & dans celle de l'Orateur Romain. Ainsi, cette indifférence ne doit point t'étonner.

Argaste. Si Catilina eût montré un peu de droiture & d'humanité, je n'en ferois point surpris : l'instrument auroit été plus digne de ceux qui l'auroient laissé agir.

Eudoxe. Quand on est dominé par l'ambition ou par l'intérêt, on n'est pas si délicat. Ne voit-on pas tous les jours dans la société des hommes qui se chargent des commissions les plus odieuses, qui font les démarches les plus basses, qui se dévouent à l'infamie pour les autres ? On rougiroit de jouer leur rôle, & on ne rougit pas de les employer, & de profiter même de leurs crimes & de leurs bassesses.....

Philinte. D'ailleurs Catilina, pour ne pas paroître si odieux, couvroit sa conjuration d'un prétexte honnête. Il vouloit, disoit-il, venger sa patrie de l'oppression de plusieurs particuliers qui abusoient de leur crédit & de leurs richesses pour s'emparer du Gouvernement. Il formoit les projets les plus pernicieux à la liberté de ses concitoyens, au nom de la liberté même.

Eudoxe. C'est bien là la marche des factions. Le bien public en est presque toujours le prétexte, & on n'y est occupé que de son intérêt particulier. On réclame l'autorité des lois, en les foulant aux pieds. On demande la réforme des abus, en introduisant le plus grand de tous, celui de l'anarchie.

Argaste. On pourroit comparer ceux qui composent ces factions, à ces personnes qui en appellent sans cesse à la droiture & à la conscience, & qui n'en ont qu'en paroles, à ces charlatans qui vous promettent la guérison & la santé, & qui ne vous donnent que des palliatifs.

Eudoxe. Ta comparaison est assez juste. C'est bien là le caractère des factieux : ils sont toujours très-éclairés & très-éloquens sur les abus & les vices de l'administration ; mais au fond ils n'ont que des projets de destruction : ils se couvrent toujours d'un voile d'équité & de droiture pour en imposer aux yeux du Public.

Philinte. Au reste ils sont intéressés à se masquer. S'ils se montroient à découvert, on ne verroit parmi eux que des esprits inquiets, toujours mécontens de leur situation, toujours avides de révolutions & de nouveautés ; des esprits remuans & entreprenans, qui ne peuvent vivre sans agiter tout ce qui les environne, des hommes ennemis de tout joug & de toute autorité ; en un mot, de très-mauvais citoyens.

Argaste. D'après le portrait que Philinte vient de nous donner du caractère des factieux , il eſt aiſé d'en conclure que leur union ne peut pas ſubſiſter long-temps.

Eudoxe. Sûrement , parce que le fonde-ment de toute aſſociation ſolide , c'eſt la droiture & la bonne-foi : or on en trouve peu parmi les factieux. Auſſi vivent-ils dans une défiance continuelle & réciproque ; auſſi ne tiennent-ils les uns aux autres que par de foibles liens. Ils ne ſuivent que l'im-preſſion du moment ; mais l'illuſion ceſſe-t-elle , ils voient enfin qu'ils ne ſont que les inſtrumens de l'ambition de quelques parti-culiers.

Philinte. C'eſt cette raiſon-là ſur-tout qui auroit mis la diviſion parmi les complices de Catilina , ſi ſa conjuration eût eu le ſuc-cès qu'il deſiroit. Le partage des dépouilles & la diſtribution des emplois auroient fait beaucoup de mécontens.

Eudoxe. C'eſt certain. Des citoyens plus politiques & plus adroits que ces conjurés , n'attendoient que ce moment pour ſouffler le feu de la diſcorde parmi eux , pour les détruire les uns par les autres.

Philinte. Ils auroient délivré du-moins la République d'une multitude d'hommes furieux qui déchiroient ſes entrailles.

Eudoxe. Oui ; mais ceux-ci auroient été remplacés par d'autres tyrans moins cruels à la vérité , mais plus dangereux ſous ce voile d'humanité.

Argaste. En lisant le tableau de la conjuration de Catilina , & le portrait de ce fameux Chef de conjurés , & de ses complices, n'êtes vous pas indignés , mes amis , de voir des hommes pousser aussi loin la noirceur & la méchanceté , former des projets aussi atroces ?

Eudoxe. Oui , j'en suis d'autant plus indigné , que ce tableau est très - humiliant pour l'humanité.

Philinte. Et moi , j'y apprends à détester de plus en plus l'esprit de faction & d'intrigue.

Argaste. Tout odieux qu'il est cependant, cet esprit règne plus ou moins dans la société. On ne s'y porte pas , à la vérité , à ces complots qui révoltent , à des attentats contre le Gouvernement & l'ordre public ; on n'y voit pas ordinairement ces grandes passions qui supposent des ames fortes : mais elle est en proie à une foule de petites passions , d'intrigues sourdes , de vues d'ambition & d'intérêt. Sous un calme apparent , elle est minée sans cesse par une guerre intestine. Il faut y être toujours sur le *Qui-vive...*

Eudoxe. Et pourquoi ? Parce qu'on n'y est entouré que d'hommes intéressés , intrigans , d'hommes ardens à se produire , d'hommes toujours disposés à se supplanter les uns les autres. Si ces hommes ne donnent pas de violentes secousses à la société, c'est parce qu'ils n'ont pas cette énergie dans le caractère, ces projets d'une ambition vaste & démesurée, ce courage d'esprit qui distingue l'homme à révolutions.

Argaste. Ce sont donc ces qualités qui ont fait de Catilina un citoyen si dangereux à sa patrie.

Eudoxe. Sans doute, & il auroit été à souhaiter pour elle qu'il eût eu moins de talens, & qu'il fût né dans l'obscurité.

Philinte. Pour moi, je ne saurois concilier la vie de ce Chef de conjurés avec sa fin glorieuse; car il a vécu en scélérat, & il est mort en héros.

Eudoxe. Cela n'est pourtant pas si difficile à concilier. Quelque méchant, quelque corrompu que fut Catilina, il avoit encore de la fierté dans le caractère; il n'avoit point entièrement oublié la noblesse de son origine. Aussi ce fameux rebelle qui ne rougissoit point de se plonger dans la plus honteuse débauche, qui étoit assez inhumain pour porter le fer & la flamme dans le sein de sa patrie, n'auroit jamais consenti à se déshonorer par une lâcheté.

Argaste. Catilina n'est pas le seul scélérat qui ait tenu à l'honneur au milieu des plus grands forfaits. On a vu plusieurs fois des hommes sur l'échafaud, sur le lit d'ignominie, braver les supplices, souffrir la mort avec la plus grande intrépidité, pour rendre au-moins leur fin célèbre. Juge par-là combien l'homme a de peine à se dégrader, combien il a de peine à renoncer à l'estime de ses semblables...

Philinte. Les sentimens d'honneur sont donc aussi difficiles à étouffer dans nos cœurs que les remords.

Argaste. Quelquefois plus. Quand la voix de la conscience ne se fait plus entendre, l'honneur parle encore dans certaines circonstances. Si l'on ne craint pas la censure de la Loi, on craint du-moins celle des hommes.

Eudoxe. Argaste a raison ; & ce sont même ces restes d'honneur qui nous attendrissent sur le sort des personnes qui ont renoncé à leur réputation. Si elles n'ont plus de droits à notre estime, elles en ont du-moins à notre compassion, quand ces sentimens d'honneur se réveillent chez elles ; quand elles rougissent de leurs crimes & de leurs désordres. Cette compassion se tourne même en estime, lorsqu'elles font des efforts efficaces pour effacer la tache imprimée à leur nom, pour reprendre leur place parmi les ames honnêtes & vertueuses...

Philinte. Catilina n'est pas dans ce cas-là. Il excite plutôt des sentimens d'horreur que des mouvemens de compassion.

Eudoxe. Parce que sa vie n'est qu'un tissu

de défordres & de forfaits. Quand on a porté le crime à fon comble, on devient alors
l'objet de la haîne & de l'exécration publique.

Argafte. Cependant les hommes à talens
nous intéreffent, même lorfqu'ils en abufent.
On eft fâché de les voir tourner contre eux-
mêmes & contre leurs femblables, ces dons
que la nature ne nous a accordés que pour
leur utilité.

Philinte. C'eft une fuite de cette eftime
& de cette vénération qu'on a pour les talens en général. Mais encore faut-il que ceux
qui en abufent confervent quelques traces
de pudeur & de refpect pour la vertu.
Il faut qu'on voie un peu de bien mêlé avec
tout le mal qu'ils font.

Eudoxe. C'eft ce qu'on ne voit point dans
Catilina. On peut le placer à la tête de ces
hommes trop fameux par l'abus des talens.
Si jamais quelqu'un nous a prouvé combien
ces talens, joints à un cœur pervers & corrompu, font funeftes à la fociété, c'eft lui.
Ce fameux conjuré eft peut-être le plus
mauvais citoyen dont l'Hiftoire faffe men-
tion; &, pour me fervir de l'expreffion de
La Bruyere, il auroit été à fouhaiter pour
le genre-humain qu'il fût né ftupide.

ENTRETIEN

ENTRETIEN
Sur la maniere de louer. (*)

ARISTE & CLÉANTHE.

ARISTE. Que la louange est difficile à manier ! Je travaille depuis long-temps pour tirer de mon cerveau un Eloge...

Cléanthe. Et tous tes efforts n'ont abouti sans doute qu'à faire de mauvaise prose, ou des vers à qui on ne donneroit ce nom que par grace.

Ariste. C'est dommage néanmoins. Mon plan étoit beau & vaste. Si j'eusse eu plus de patience, j'aurois fait un discours complet.

Cléanthe. Dis plutôt que tu aurois fait beaucoup de dépense en paroles. Sur ce pied-là je félicite la compagnie de ne t'avoir pas entendu.

Ariste. Raillerie à part. J'avois des idées qui pouvoient figurer avantageusement dans un Eloge.

Cléanthe. Il me semble que tu as envie de nous en faire part. N'aurois-tu point

(*) Cet Entretien a été prononcé devant M. de Lubersac, Evêque de Chartres, le jour de son entrée dans sa Ville Episcopale.

H

par hazard une petite dose de cet amour-
propre si ordinaire aux Auteurs? On ne peut
les mortifier d'une manière plus sensible,
que quand on refuse de les écouter. Pour
t'épargner cette mortification, je suis prêt à
essuyer la bordée : ne sois pas long sur-
tout.

Ariste. Je remontois jusques......

Cléanthe. Tu remontois, mon ami, ...
n'étoit-ce point pour faire une chûte plus
prompte ?

Ariste. Voilà mon début. Ecoute.
L'astre lumineux qui nous éclaire....

Cléanthe. Tu le prends sur le haut ton.
Cet *astre lumineux* ne t'a-t-il point ébloui,
au lieu de t'éclaircir ?

Ariste. Je me suis égaré un peu, il est
vrai, dans les espaces imaginaires.

Cléanthe. Tu n'y as peut-être pas laissé
ta raison.

Ariste. Oh! non.... *L'astre lumineux qui
nous éclaire , darde ses rayons dans les
plaines......*

Cléanthe. Et dans les vallons...... Si tu
prends un vol aussi hardi dans toute ta
pièce, monté sur Pégase même, on ne pourra
pas te suivre. Tu te familiarises sans doute
un peu dans la suite avec ton auditoire, &
tu parles un langage plus humain.

Ariste. Voici du tempéré. *La bienfaisance... rend les hommes heureux.*

Cléanthe. Rare découverte ! Nous aurions ignoré sans toi que *la bienfaisance rend les hommes heureux.* As-tu fait encore quelque effort de génie.

Ariste. Tel un fleuve qui dans son cours majestueux......

Cléanthe. Il ne manquoit plus que cette comparaison pour embellir ta pièce.

Ariste. Je craindrois de blesser votre modestie si.....

Cléanthe. Je ne crois pas qu'on mette la tienne à l'épreuve..... pour la ménager, cette modestie, tu entres ensuite dans un long détail de vertus éminentes, de talens supérieurs. Tu prodigues les mots de respect, de reconnoissance, surchargés d'épithètes ; car tu en es fort jaloux.

Ariste. Que dirai-je ?.....

Cléanthe. Ne dis plus, mon Ami, ne dis plus. Tu nous donnerois trop d'esprit en un jour.

Ariste. Tu critiques ici fort à ton aise. Fais donc un compliment.

Cléanthe. Ah ! je ne me pique pas de le faire avec autant d'éloquence que toi. Je vas terre-à-terre. Je ne m'approche pas si près du Soleil. Je craindrois que ma raison n'en souffrît quelque éclipse.

Ariste. Mais encore... Tu as sans doute une maniere de louer.

Cléanthe. Ma maniere est toute simple.

Hij

Je dis la vérité, & je ne suis pas long.

Ariste. Dire la vérité ! rien n'est plus aisé. Il n'est si petit génie qui n'en puisse faire autant.

Cléanthe. Mon ami, la vérité est plus rare que tu ne penses, & sur-tout dans les éloges.

Ariste. Il faut pourtant l'embellir, cette vérité ; il faut tirer parti de son sujet, & s'étendre sur les qualités de celui qu'on loue.

Cléanthe. Ne faut-il point faire un discours divisé en trois points, pour prouver qu'une personne a du mérite ?

Ariste. Mais enfin il faut donner l'essor à son imagination, répandre des fleurs sur son sujet ; en un mot, il faut faire briller son esprit.

Cléanthe. Ce n'est pas l'esprit qui doit louer, c'est le cœur. Une bonne vérité dite bien cordialement vaut mieux que les louanges fades & outrées de ces complimenteurs fleuris qui vous ennuient avec art.

Ariste. Tu ne t'apperçois pas qu'en raisonnant ainsi, tu condamnes l'usage des Orateurs. Quand ils louent quelqu'un, ils composent de longues pièces, & se livrent à tout le feu de leur imagination.

Cléanthe. Les Orateurs ont une ressource que tu n'as point. Ce n'est pas ordinairement le sujet de l'Eloge dont on est le plus occupé dans leurs pièces. Ces Messieurs possèdent l'art des digreſſions. Ils ſavent égarer leurs auditeurs ou leurs lecteurs au milieu d'une foule de portraits, de deſcriptions, d'obſervations politiques & morales.

Ariſte. S'il faut dire la vérité ſans ornement, celui qu'on louéra ne nous en ſaura nul gré : ſon amour-propre n'en ſera point flatté.

Cléanthe. La méthode de louer en peu de mots eſt plus ſage & plus agréable que tu ne le penſes. Par-là on n'alarme point la modeſtie de celui qu'on loue ; on ménage l'amour-propre de ceux qui écoutent, & on ne les expoſe point à la tentation de gloſer malignement ſur le texte.

Ariſte. Sur ce pied-là, il faut faire le procès à Virgile. Son Enéide n'eſt, depuis le commencement juſqu'à la fin, que l'éloge d'Auguſte.

Cléanthe. Oui ; mais cet éloge eſt indirect. Le Poëte latin n'y paroît occupé que du Héros de ſon Poëme. C'eſt ainſi que, ſous le voile de l'allégorie, il ôte à la louange ce qu'elle a de faſtidieux : & voilà la vraie maniere de louer.

Ariſte. Tu m'as donné aſſez de leçons. Des préceptes paſſons maintenant aux exemples. Si tu voulois louer un Grand qui ſeroit humain, populaire, affable ; quelle marche ſuivrois-tu ?

Cléanthe. Comme ce font les faits qui louent, je ferois plutôt hiſtorien que panégyriſte. Je ferois le tableau de ſa conduite. Je dirois qu'il eſt ennemi du faſte & de la repréſentation ; qu'il eſt plus jaloux du cœur de ſes inférieurs que des honneurs dûs à ſon rang. Je dirois qu'il a une attention particuliere pour abréger l'intervalle que ſon rang a mis entr'eux & lui ; qu'il ne meſure point avec ſcrupule la condition & la qualité des perſonnes qui l'abordent, pour concerter là-deſſus ſon maintien & ſes pas, qu'il les reçoit encore moins avec cette politeſſe impérieuſe ou dédaigneuſe qu'on doit regarder plutôt comme une inſulte, que comme une marque d'honneur & de conſidération.

Ariſte. Il faudroit à préſent relever ces penſées par quelque comparaiſon.

Cléanthe. Oui ; car tu es fort heureux dans cette figure. C'eſt à toi à qui j'aurai recours en cas de beſoin.

Ariſte. Si je voulois louer un Grand qui réuniroit à un caractère aimable, plein de franchiſe & de candeur, un eſprit vif & pénétrant, un cœur noble & généreux, une vertu ſans appareil & ſans oſtentation, il faudroit donc expoſer tout ſimplement ces qualités & ces avantages.

Cléanthe. Sans prétendre à l'eſprit dans un éloge, on ne néglige point les fleurs qu'on rencontre ſur ſa route ; on les cueille fans affectation, & elles n'en font que plus belles... L'ami des hommes, dirois-je alors, est toujours l'ami de la vérité. Il lui donne un accès aussi libre auprès de fa personne, qu'à fes inférieurs. Il ne veut être entouré que d'hommes francs, ouverts, qui fe mon-trent toujours tels qu'ils font. Plein de fineffe & de fagacité, il fait démêler les ar-tifices de l'adulation, les rufes & les détours que les paffions humaines, qui s'agitent fans ceffe autour des Grands, emploient pour les furprendre, & égarer leur bonté. Ferme fans prévention, il ne confulte que l'amour du bien & de l'ordre dans fes réfolutions & fes jugemens. La nobleffe de fon ame fe peint dans fon extérieur & fes manieres.

Arifte. Si je parlois d'un Grand qui feroit ami & protecteur des Lettres, je pourrois dire auffi que les Sciences qu'il cultive lui-même avec fuccès, fleuriffent, & que les Mufes repofent tranquillement à l'ombre de fa protection.

Cléanthe. Ton idée eft affez jufte. L'image que tu emploies ici, lui donne de l'éclat... À quoi penfes-tu donc maintenant ? Envain le précepteur parle, fi le difciple n'écoute.

Arifte. J'étois occupé d'une très-belle penfée : je m'en vais étouffer, fi je ne la mets au jour.

Cléanthe. Ah ! parles, mon ami, parles. Ta fanté nous eft trop chere.

Ariste. Mon cœur ... est si pénétré. ....

Cléanthe. On est persuadé de la bonté de ton cœur.

Ariste. Mais mon éloquence. .....

Cléanthe. Oh ! pour cet article-là, on en doute.

Ariste. Parlez, murailles, vous qui êtes les témoins. .....

Cléanthe. Comment, mon ami, tu fais parler les murailles ! Tu es un miraculeux personnage ; nouvel Orphée, les doux accents de ta voix vont sans doute amollir les rochers.

Ariste. Allons, je vois bien que je ne dis rien qui vaille.

Cléanthe. Tu commences déjà à t'en appercevoir ! Quand tu voudras haranguer quelqu'un, fais cette réflexion dès l'exorde.

Ariste. Toute réflexion faite, j'adopte ta méthode, elle est fort sage, & met les gens à l'aise.

Cléanthe. Allons, tu commences à raisonner ; j'en suis charmé.

Ariste. J'étois bien fou de mettre mon esprit à la torture. Je renonce à la gloire de l'éloquence.

Cléanthe. Tu ne fais pas un grand sacrifice. Je te conseille de persévérer dans ces bons sentimens, pour ton repos & pour le soulagement de tes auditeurs.

ÉLOGE
DE LA PARTICULE *ON*.

EUGENE & EUSEBE.

EUSEBE. Que viens-tu donc faire ici, mon ami? Es-tu Poëte, Orateur? As-tu quelque talent à faire valoir?

Eugene. Non. Cependant je ne puis me réfoudre à me taire. L'exemple eft contagieux. Quand j'entends parler quelqu'un, j'ai dans la bouche un nerf qui treffaille auffitôt. Tu veux me cenfurer; mais, au fond, tu es au moins auffi fatisfait que moi de trouver cette occafion d'exercer ton caquet.

Eufebe. Mais enfin pour parler, il faut un fujet: il faut raifonner fur quelque matiere. Viens-tu nous faire ici l'éloge de la particule *On*, & de fon illuftre compagnie, les cinq beaux Verbes *Pœnitet*, &c.

Eugene. Pourquoi non? Ces perfonnages-là font plus importans que tu ne le penfes, tu n'as pas l'efprit de ton état. Au lieu de les rabaiffer, tu es intéreffé comme moi à en relever le mérite.

Eufebe. Le grand mérite que celui de la

H v

particule *On*, & des cinq impersonnels !
Voilà vraiment un beau sujet d'éloge.

Eugene. Oui, c'en est un, & je vais te
le prouver dans l'instant.

Eusebe. Tu te charges là d'une très-mau-
vaise cause, mon cher confrere. Si tu réussis,
je te fais, de mon autorité privée, Docteur ;
mais je crains fort que tu ne nous réduises
au Verbe *Tœdet.*

Eugene. Point de prévention, écoute.
Pour procéder avec ordre, nous allons commencer par la particule *On.*

Eusebe. Pour procéder avec ordre, tu
ne me parois pas d'une encolure à l'aimer,
l'ordre. Allons, M. le Philosophe.... mais
tu n'as point de barbe.

Eugene. Ce n'est pas la barbe qui fait le
Philosophe ; c'est le bon sens.

Eusebe. L'un & l'autre pourroient fort
bien te manquer.

Eugene. Tu vas en décider dans l'instant.
Revenons à notre sujet. On ne doit juger
du mérite d'une chose que par son utilité.
Qu'en dis-tu ?

Eusebe. Ton principe est clair & évident.

Eugene. Or est-il quelque chose de plus
utile que la particule *On* ? N'est-elle pas....

Eusebe. Alte-là, c'est ce que nous con-
testons.

Eugene. Sans aucun fondement. La particule *On* n'est-elle pas la base de l'élocu-

tion ? Dans quelque genre qu'on écrive, cette particule tient un rang distingué. Il est peu de phrases où elle ne trouve sa place, soit dans le genre oratoire, soit dans le genre épistolaire, soit dans le genre didactique.

Eusebe. *Eugene en peu de temps est devenu Docteur....* Dis - moi donc, où as-tu appris tous ces beaux mots-là ?

Eugene. Dans les livres, & avec les gens d'esprit.

Eusebe. Je serois bien charmé de les savoir. Avec quelques termes un peu recherchés, on en impose aux autres ; car il faut quelquefois si peu de chose pour se faire une réputation dans le monde.... Attends que je les répète.

Eugene. Non, non ; ce sera pour une autre fois. Tu me ferois perdre le fil de mon raisonnement.... Qu'un Orateur manie l'invective, il a recours à la particule *On.* C'est elle qui donne de la force & du nerf à son style. En voici un exemple : *On foule aux pieds toutes les Loix. On brave la Justice divine.* (En gesticulant, il pousse un peu son Confrere.)

Eusèbe. Cher ami, j'aime l'éloquence pacifique ; modère un peu ton feu. Tu me parois fort propre à faire le coup de poing avec ton Auditoire.

Eugene. C'est dans le genre véhément.

Eufebe. Paſſe , paſſe au genre tempéré.

Eugene. Qu'un Orateur poſe un principe, ou qu'il avance quelque maxime, la particule *On* convient beaucoup au ton dogmatique & ſentencieux qu'il prend dans cette occaſion : elle donne du poids à ſes paroles.

Eufebe. C'eſt ſans doute auſſi pour donner de l'autorité à leurs aſſertions, que les Nouvelliſtes l'ont choiſie par prédilection.

Eugene. Oui. Cette utile particule eſt leur plus grande reſſource ; ſans la particule *On*, plus de nouvelles, plus de Nouvelliſtes.

Eufebe. Il me ſemble que tu ſerois fort touché de la perte de ces Meſſieurs-là. Méritent-ils réellement des regrets ?

Eugene. Mais..... ils ne ſont pas ſans mérite, ils jouent leur rôle dans la ſociété.

Eufebe. Il y en a beaucoup qui jouent des rôles dont la ſociété pourroit ſe paſſer. Je crains fort que tes Nouvelliſtes ne ſoient de ce nombre. Sais-tu bien que je ſuis devenu un peu délicat, depuis que tu m'as dit qu'on ne devoit juger du mérite d'une choſe, que par ſon utilité. C'eſt pourquoi je te prie de me dire ce que c'eſt qu'un Nouvelliſte..

Eugene. Un Nouvelliſte, c'eſt un homme qui recueille ou qui compoſe des nouvelles le matin, pour les débiter le ſoir à ceux qui ont la complaiſance de l'entendre ; en un mot, c'eſt une gazette ambulante. Tu as, par exemple, beaucoup de dispositions pour cet état-là ; j'ai toujours reconnu en toi un talent merveilleux pour la fiction.

Eusebe. Tiens, je ne suis point jaloux de ton encens. Parlons ici sérieusement. Si la particule *On* n'étoit utile qu'à M.rs les Nouvellistes, il me semble que son mérite seroit fort mince.

Eugene. Aussi ne se borne-t-il pas là ? Combien de gens dans le monde ont besoin de son secours ! Combien ne trouve-t-on pas d'esprits superficiels & stériles, qui seroient condamnés à un silence perpétuel, sans la particule *On* !

Eusèbe. Au reste, leur silence ne retarderoit pas beaucoup, je crois, les progrès de l'esprit humain. Ne vas-tu point nous citer aussi ces Censeurs bourrus qui s'imaginent réformer le genre humain, en le chargeant d'injures ? La particule *On* est sans cesse dans leur bouche ; ils s'en servent pour exhaler leur bile.

Eugene. Que veux-tu conclure de-là ? Crois-tu notre particule inutile, parce qu'il y a des personnes qui en font un mauvais usage ? On abuse tous les jours des meilleures choses, faut-il les rejetter pour cela ?

Eusebe. Non, sûrement. Mais quel est donc le mérite de ta chere particule, en rendant service à cette foule de diseurs de rien, dont la société abonde ?

Eugene. Il me semble que tu prends ton parti un peu trop légérement sur le compte de ces personnes. Puisque la conversation est un des grands liens de la société, tout le monde doit y avoir part, les uns plus, les autres moins, suivant le dégré de lumiere & de capacité. Si les gens sensés bannissoient de leurs entretiens ceux qui déraisonnent, ou qui disent des choses inutiles, cette conduite produiroit, à mon avis, un très-mauvais effet. Il n'y a déjà que trop d'antipathie entre les sots & les gens d'esprit. Que seroit-ce si on les traitoit avec tant de rigueur ? La particule *On* rend donc un service essentiel à la société, en suppléant à leur stérilité.

Eusebe. Tu as beau dire, il y a bien des gens qui parlent & qui devroient se taire.

Eugene. Prends bien garde à ce que tu dis ; si tu pousse la sévérité si loin, tu vas t'exclure toi-même de la conversation.

Eusebe. Sur ce pied-là, je ne conteste plus aux autres leur droit, de peur de perdre le mien ; mais pour ta particule, son mérite n'est point incontestable, malgré toutes tes raisons.

Eugene. Que tu es difficile à convaincre ? Tiens, j'en atteste ta propre expérience. Quand tu as quelque raison un peu leste à appuyer, n'es-tu pas charmé d'appeler à ton secours notre célèbre particule ? Point d'ingratitude.

Eusebe. Il faut l'avouer, elle m'a rendu quelquefois de grands services ; après une telle preuve, je n'ai plus rien à dire. Honneur à la particule *On.*

Eugene Je me flatte que tu vas rendre la même justice à son illustre compagnie.

Eusebe. Qui ? Ces cinq beaux verbes... ils pourroient tout au plus figurer dans un dictionnaire gothique.

Eugene. Tu me parois bien acharné contre eux ; n'aurois-tu point par hasard quelque intérêt de les haïr ? Il ne faut jamais juger par passion ; écoute-moi un instant, tu pourras peut-être revenir de tes préventions.

Eusebe. Quand tu aurois l'éloquence d'un Ciceron, tu ne me ferois jamais changer d'opinion sur leur compte.

Eugene. Accorde-moi un moment d'attention, je t'en prie ; j'entre en matiere. Le verbe *Pœnitere* signifie se repentir ; la simple signification de ce mot en fait l'éloge. Est-il un terme d'un usage plus commun ? Tu as déja assez vécu pour t'appercevoir que les hommes font bien des sottises. A qui a-t-on recours dans ces momens-là ? Au verbe *Pœnitet.* Plus le rang qu'on tient dans le monde est élevé, plus cette ressource est nécessaire.

Eusebe. L'usage du verbe *Pœnitet* est fort commun, j'en conviens, mais est-il aussi souvent sincère ? Les rechûtes fréquentes de nos prétendus pénitens me donnent tout lieu de croire le contraire.

Eugene. Qu'il soit souvent sincère ou non, il n'en est pas moins vrai que ce verbe exprime un beau sentiment, un sentiment qui honore même l'homme après sa chûte.

Eusebe. Ce que tu dis-là ne me paroît pas juste. J'ai toujours cru jusqu'à présent que, quand on avoit fait quelque faute, on n'avoit que des raisons de s'humilier.

Eugene. J'en conviens : mais cela n'empêche point qu'il n'y ait beaucoup de gloire à réparer ses fautes. En effet, le repentir vient d'une humble connoissance de soi-même, & est ordinairement accompagné d'un aveu sincere de sa foiblesse. Or se connoître soi-même, & convenir généreusement de sa fragilité, c'est-là le point de la perfection. Qu'il en coûte à l'amour-propre, pour parvenir jusques-là !

Eusebe. Tu fais-là un si beau portrait du verbe *Pœnitet*, que tu donnerois volontiers envie aux gens de se mettre dans le cas de se repentir. Prends garde d'imiter ces Prédicateurs qui vous peignent le vice si beau, qu'on le prendroit pour la vertu.

Eugene. Ce qui prouve encore plus solidement le mérite du verbe *Pœnitet*, c'est qu'il a été consacré par la Religion, pour exprimer une vertu qui produit, ou qui fait revivre toutes les autres.

Eufebe. Je crois que tu veux te mêler de théologie. Depuis quel temps les marmoufets ont-ils droit de mettre la main à l'encenfoir ? Va, va, il y a affez de perfonnes fans toi, qui prennent cette liberté-là.

Eugene. Avec toutes tes plaifanteries tu ne conviens point du mérite du verbe *Pœnitet.* Eft-ce que tu ne t'es pas quelquefois repenti ?

En prononçant ces paroles, il tend la main pour lui rappeller quelques légères corrections qu'il a reçues.

Eufebe. Si... je me fuis... repenti... c'eft que... j'étois fâché... mais tu me preffes bien, je ne fuis point obligé de faire ici ma confeffion.

Eugene. Ne te l'avois-je pas bien dit, que l'acte d'humilité qui accompagne le repentir, étoit fort pénible, j'en juge par toi-même.

Eufebe. Allons, qu'il n'en foit plus queftion ; je conviens de tout le mérite que tu veux donner au verbe *Pœnitet.*

Eugene. Je ne te tiens pas encore quitte ; tu es trop équitable, pour ne pas porter le même jugement du verbe *Pudet.*

Eufebe. Oh ! pour celui-là, il ne paffera pas. Avec toute ta philofophie, tu ne viendras jamais à bout de me perfuader que M. *Pudet* foit un grand perfonnage.

Eugene. Ecoute-moi un inftant. On ne condamne pas les gens, fans les entendre.

Eusebe. Je te le dis encore une fois, tu ne réussiras pas ; embellis-le, tant que tu voudras ; il en sera de ce beau personnage comme de ces Plébéiens qu'on décrasse, qu'on décore. L'air & les sentimens de Plébéien percent toujours.

Eugene. Ta comparaison n'est pas juste. Le verbe *Pudet* n'a pas besoin d'ornemens étrangers : il brille assez de son propre fond.

Eusebe. C'est ce qu'il faut démontrer.

Eugene. Rien n'est plus aisé. Est-il rien de plus utile que la honte qui est exprimée par ce verbe ? Ce sentiment empêche bien des crimes : il supplée à la vertu dans le plus grand nombre ; le méchant prêt à se porter aux derniers excès, a été souvent arrêté par la honte. Ce sentiment est la plus cruelle de toutes les peines, pour celui qui s'abandonne au crime.

Eusebe. Voilà un portrait avantageux, mais il me semble que tu présente toujours les gens du beau côté. Jamais on ne voit avec toi le revers de la médaille.

Eugene. Eh-bien ! quand j'agirois ainsi, seroit-ce un crime ? Est-ce donc un défaut de ne faire connoître les gens que par leurs bonnes qualités ? Tu devrois louer ma charité, au lieu de la blâmer comme tu le fais.

Eusebe. De la charité ! je ne te connoissois pas encore cette qualité-là. Ta charité ne reſſembleroit-elle point à la vertu de bien des gens qui dure.... juſqu'à la tentation ? Je vais lui donner de l'exercice ; écoute-moi un peu. Sais-tu bien que la honte dont tu nous vantes ici l'utilité, produit auſſi de pernicieux effets. On rougit ſouvent de la vertu autant que du vice. Souvent on ne fait pas par honte tout le bien qu'on pourroit faire ; ſans chercher des exemples ſi loin, je n'en trouve que trop dans notre état. Combien de jeunes gens auroient été ſages & vertueux, ſans la honte ! Un jeune homme qui a le courage de l'être, malgré nos railleries & notre injuſte cenſure, doit être regardé comme un Héros parmi nous.... Que dis-tu à préſent de M. *Pudet ?* En l'examinant de près, c'eſt un perſonnage très-équivoque.

Eugene Tout ce que tu dis-là ne regarde que la fauſſe honte. Quoi qu'il en ſoit, ſuppoſons pour un inſtant que le verbe *Pudet* ait quelques défauts, faut-il lui refuſer pour cela les louanges qu'il mérite. Si on examinoit les choſes dans le monde avec autant de rigueur, jamais on ne loueroit perſonne. Dans les hommes les plus accomplis, il y a toujours quelque ombre au tableau.

Euſebe. C'eſt s'y prendre adroitement pour juſtifier quelqu'un ; je te félicite de ton expédient. M. *Pudet* paſſera donc à la faveur de l'imperfection humaine ; au reſte, il n'eſt pas juſte qu'il ſoit plus parfait que l'homme.

Eugene. Je te préviens d'avance ; ne t'effraie point à la vue du perſonnage qui doit ſuivre, c'eſt le Verbe *Tœdet.*

Euſebe. Le Verbe *Tœdet !* tu n'y penſes pas, mon Ami, tu me préſentes-là une perſonne qui mérite au moins le banniſſement : l'ennui ! c'eſt le plus grand fléau de la ſociété, c'eſt le poiſon de la vie. Pour moi, je fais tout ce que je peux pour m'en garantir.

Eugene. Il y a bien des gens dans le monde qui ne prennent pas les mêmes précautions que toi.

Euſebe. Cela n'eſt pas croyable, eſt-ce que l'homme n'eſt pas naturellement porté à fuir tout ce qui nuit à ſon bonheur ?

Eugene. Oui, cependant malgré ce penchant naturel, il y a bien des gens qui font profeſſion de s'ennuyer & d'ennuyer les autres.

Euſebe. Ces gens-là ſont bien fous ; l'homme a dans ſes mains un préſervatif ſûr contre l'ennui ; c'eſt le travail, ils n'en profitent donc pas !

Eugene. Non, & ils ne ſont pas même diſpoſés à en profiter.

Euſebe. Cela m'étonne ; comme j'ai coutume de juger des autres par moi-même, j'ai toujours cru juſqu'à préſent que tout le monde étoit occupé comme moi.

Eugene. Tu as été dans l'erreur ; oui, mon ami, il y a bien des gens dans le monde qui réellement ne s'occupent pas, & qui ne favent point s'occuper ; il femble que leur ame manque d'activité, tout leur eft à charge jufqu'à leur exiftence ; leur efprit n'étant fixé par aucun objet, eft forcé de fe replier fur lui-même ; il fe livre alors à des penfées fombres & chagrines. Pour peu que ces gens-là rentrent en eux-mêmes, leur amour-propre n'a pas lieu d'être flatté de cet examen, ils découvrent en eux bien des miferes & des petiteffes.

Eufebe. Mais ne peuvent-ils pas charmer leur ennui, en voyant le monde, en fe livrant au plaifir ?

Eugene. La plupart d'entr'eux n'ont que trop employé cette reffource. Ne t'imagines pas que les hommes de plaifir aient trouvé le moyen le plus sûr de fe *garantir de l'ennui ; il n'y a pas de gens qui s'ennuient plus que ceux qui font le plus d'efforts pour ne point s'ennuyer. Pour l'éviter sûrement, il faut que le plaifir & le travail fe fuccèdent tour-à-tour, l'un doit être la récompenfe de l'autre. Fais ton profit de cette leçon.

Eufebe. Elle n'eft pas inutile ; mais dis-mois donc, je crois que nous avons affez parlé du Verbe *Tædet* ; paffions à un autre article. Je craindrois de me familiarifer avec l'ennui fi nous parlions plus long-temps fur cette matiere ; tu fais que je ne veux avoir aucun commerce avec lui.

Eugene. Il est pourtant nécessaire de le connoître & de l'éprouver quelquefois ; l'ennui momentané sert à nous détacher du monde en nous convainquant de la vanité de ses biens & de ses plaisirs ; le vide que nous sentons alors en nous-mêmes, peut nous faire rentrer dans l'ordre, & nous ramener vers le véritable objet de nôtre bonheur.

Eufebe. C'est donc pour cela que la Providence a disposé tout si sagement, que ceux qui prennent les meilleures précautions contre l'ennui, ne laissent pas que de le sentir de temps en temps.

Eugene. Oui, sans doute, je te conseille d'en prendre quelquefois une petite dose, car tu es un peu mondain.

Eufebe. Ce n'est qu'un conseil, heureusement ; car si tu m'en faisois un précepte, je serois fort souvent tenté de le violer..... Malgré mon antipathie pour l'ennui, il faut cependant convenir que l'usage du verbe *Tædet* est quelquefois salutaire.

Eugene. Tandis que tu fais tes largesses, je profite de ce moment de générosité, pour te présenter M. *Piget.*

Eufebe. M. *Piget* ! comment ! il a un air leste, élégant : je crois que c'est un Petit-Maître.

Eugene. Cela n'est pas étonnant. Il fréquente les Grands ; il se trouve souvent chez les Dames.

Eusebe. Tu ne fais pas là son éloge. Ces héros de toilette ne sont pas gens à opérer des révolutions ; tiens , Petit-Maître , petit mérite.

Eugene. Quand tu le connoîtras, j'espère que tu en auras une plus haute idée.

Eusebe. Quel est il donc , ce beau Monsieur-là ? Fais-nous le donc connoître.

Eugene. Le verbe *Pigere* signifie *être fâché.*

Eusebe. Être fâché ! ..... mais son nom est doux comme le miel ; à son air , je le croyois capable de nous égayer.

Eugene. Tu prends l'alarme bien vîte ; la tristesse qu'il exprime, n'est pas une ....

Eusebe. Ma foi, mon Ami, il n'y a point de belle tristesse.

Eugene. Mais enfin la tristesse qu'il exprime , n'est point cette tristesse d'humeur qui rend les hommes insupportables , peu propres pour les affaires.

Eusebe. Tu as beau dire , je ne connois qu'une tristesse passable ; c'est la tristesse de cérémonie. Elle est assez commode, celle-là ; on la prend , on la quitte comme un habit de deuil.

Eugene. Que dis-tu de la tristesse de rang?

Eusebe. Comment ! la tristesse de rang !

Eugene. Oui , la tristesse de rang. C'est un titre de grandeur d'avoir des caprices , de l'humeur, & de les faire essuyer à ses inférieurs. Une humeur égale auroit un air trop bourgeois ; il faut faire sentir plusieurs fois par jour le poids de la subordination.

Eusebe. Mon Ami, si les Grands n'avoient pas d'autre titre pour mériter mon respect & mes hommages, je t'assure qu'ils seroient obligés de s'en passer.

Eugene. Cette tristesse d'humeur contre laquelle tu t'élèves tant, il y a pourtant des personnes qui voudroient en faire un agrément.

Eusebe. Faire de la tristesse un agrément !

Eugene. Oui, mon Ami, on dit que le Soleil n'est jamais si brillant, que quand il sort du nuage. Sous ce prétexte, on n'a pas toujours un front serein, il est de temps en temps couvert de nuages.

Eusebe. Ces nuages-là durent-ils long-temps ?

Eugene. Assez long-temps pour ennuyer & rebuter les gens. Il y a encore d'autres tristesses.....

Eusebe. Dis-moi donc, est-ce que tu as entrepris de nous donner ici un traité sur la tristesse ? Cet Ouvrage-là manque à notre littérature ; tu devrois bien l'en enrichir.

Eugene. L'Ouvrage seroit assez intéressant.

Eusebe. Et fort amusant.... M. *Piget*, de quelque façon qu'on le prenne, est un très-mince & très-ennuyeux personnage.

Eugene,

Eugene. Je ne te le donne pas pour un être supérieur ; c'est le cadet du verbe *Pœnitet.*

Eusebe. Sur ce pied-là, il faut le traiter en cadet ; je ne lui donne aucun rang.

Eugene. Tu me permettras de te dire que ce traitement-là est un peu rigoureux ; attends.... je trouve un moyen de concilier les choses. Il y a différens rangs dans la société ; ces rangs supposent plus ou moins de mérite ; donne-lui celui que tu jugeras à propos, je laisse cela à ta prudence & à ton équité.

Eusebe. Allons, tu es modeste dans tes prétentions ; cela ne t'arrives pas souvent. Pour la rareté du fait, je laisse M. *Piget* dans la place qu'il occupe.

Eugene. Pour le personnage qui suit, il est inutile de faire valoir son mérite. Il porte sa recommandation avec lui ; il ne faut que nommer le verbe *Miseret*, pour faire son éloge.

Eusebe. Malgré la haute idée que tu en as, M. *Miseret* n'auroit-il point besoin d'un peu d'indulgence ? La mienne commence à se lasser furieusement ; j'ai été ta dupe, tu m'as ébloui en te donnant pour un homme d'ordre. On m'avoit pourtant bien dit de me défier de tous ces beaux raisonneurs dont le nombre n'est que trop grand pour le repos de la société ; on m'avoit averti qu'ils

I

débitoient fouvent des maximes très - dangereufes, avec beaucoup d'ordre & de méthode. M. *Miferet* ne paffera pas auffi facilement que les autres.

Eugene. Quoi ! tu balances à reconnoître fon mérite ; il n'y a pourtant qu'une voix fur fon compte.

Eufebe. Tu plaides envain fa caufe, je fuis décidé à ne lui donner aucun rang.

Eugene. Tu n'as donc pas un cœur ! Tu reffembles donc à ces gens durs qui, concentrés en eux-mêmes, ne connoiffent ni parens, ni amis, ni fociété, ni Patrie. Méconnoître un verbe qui exprime la miféricorde, cette vertu qui rapproche l'homme de la Divinité ; cette vertu qui porte dans fon fein tous les malheureux, qui eft fans ceffe occupée à effuyer leurs larmes ; cette vertu dont tu as tant de fois éprouvé les falutaires effets....

Eufebe. Ah ! mon ami, n'en dis pas davantage, fon éloge eft complet. Pour réparer ma faute, je fuis difpofé à lui donner la premiere place.

Eugene. Eh-bien ! tu vois à préfent que les chofes ne font pas toujours ce qu'elles paroiffent être, & qu'il ne faut pas juger fur l'apparence. Comme tu manques d'expérience, ta faute eft excufable ; pour n'y point retomber, rappelles-toi fouvent ces paroles de Phèdre, ton Auteur favori : *Decipit frons prima multos.*

Eusebe. Tu cites, & du Latin, te voilà un érudit ; tu appuies trop bien tes avis, pour que je ne les suive pas.... Avant que de conclure, j'ai une petite condition à te proposer.

Eugene. Quelle est-elle ?

Eusebe. Je suis tout prêt à accorder la première place au verbe *Miseret*, pourvu que cet homme... (*le Portier du Collège*) tu le connois bien.

Eugene. Mais, non. Je ne sais pas qui tu veux dire.

Eusebe. Comment ! Tu ne connois pas cet homme... qui est chargé... de l'office....

Eugene. Ah ! oui, j'entends ; pourvu que cet homme, qui demeure là, ait pitié de toi.

Eusebe. C'est cela précisément.

Eusebe. Va, n'aie point d'inquiétude, je te promets ma protection.

ENTRETIEN

Sur les avantages du Silence.

EUDOXE & EUGENE.

Eudoxe. Je suis fort charmé de te ren-
contrer ici, mon Ami: il y a une grande heure
que je ne parle point, & ç'a été un siècle
pour moi. Je m'en vais bien me dédommager... Mais tu es bien morne. Tu ne dis
mot. Est-ce que tu es malade?

Eugene. Non.

Eudoxe. Est-ce que ma compagnie te
déplaît?

Eugene. Oui.

Eudoxe. Le compliment est court & flatteur. As-tu pris le parti du silence?

Eugene. Oui.

Eudoxe. Oui, non, oui. Voilà une conversation qui sera sûrement brillante. Sais-tu
bien que j'aime beaucoup la société en fait
de paroles? Quand tu devrois me dire des
injures, de grace parle-moi.

Eugene. Non.

Eudoxe. Il ne parlera pas... Faut-il se
mettre à tes genoux pour tirer de toi une
parole?... Pourquoi es-tu donc si sombre?

Eugene. Pythagore...

Eudoxe. Eh - bien ! que dit Pythagore ?

Eugene. Qu'il faut se taire ou parler peu.

Eudoxe. Quand on parle bien , on ne parle jamais trop.

Eugene. Tu ne devrois donc jamais parler.

Eudoxe. La conversation est l'ame de la société. Sans cette ressource on périroit d'ennui. L'homme est fait pour parler.

Eugene. Et pour penser.

Eudoxe. Oh ! la pensée vient avec la parole.

Eugene. Trop souvent après la parole.

Eudoxe. Ne faut-il point faire de la conversation un ouvrage de cabinet , méditer sans cesse sur ce qu'on doit dire ou ne pas pas dire ?

Eugene. Il faut au moins réfléchir , & l'on ne se repent point alors d'avoir parlé.

Eudoxe. Que deviendront donc ces jolis riens , ces propos agréables , ce talent de narrer légèrement ? La conversation ne sera plus qu'un tissu d'impromptus faits à loisir. On n'entendra plus ces réparties vives, ces traits saillans....

Eugene. As-tu tout dit ?

Eudoxe. Non sûrement : j'aurois encore bien des choses à dire.

Eugene. Et moi, je n'aurois pas la patience de les écouter.

I iij

Eudoxe. Il faut pourtant que tu écoutes une petite histoire fort intéressante.

Eugene. Quelqu'un n'est-il point compromis dans cette histoire?

Eudoxe. Je n'y ai pas pris garde.

Eugene. Mais il falloit y prendre garde.

Eudoxe. Ah! je ne prends pas tant de mesures quand je conte une histoire. Si elle fait honneur au prochain, tant mieux. Si elle ne le fait pas, tant pis.

Eugene. C'est-à-dire que tu parles au hasard. Ah, mon Ami, que tu aurois eu grand besoin des leçons de Pythagore! il t'auroit condamné à cinq ans de silence.

Eudoxe. Le terrible *quinquennium!* après une si longue abstinence que je me serois bien dédommagé!

Eugene. Par conséquent malheur à ceux qui seroient tombés sous ta coupe.

Eudoxe. Ecoute donc mon histoire. Il s'agit d'un jeune homme...

Eugene. Nous le verrons bien dans la suite.

Eudoxe. Il faut noter qu'il étoit de la ville de...

Eugene. La patrie ne fait rien à la chose.

Eudoxe. Il étoit dans son enfance...

Eugene. Ne vas-tu point remonter jusqu'à son berceau, & nous faire ici l'histoire de sa nourrice?

Eudoxe parle avec précipitation, & con-

fond tous les objets. Pour en venir à notre histoire, ce jeune homme de quatre-vingts ans avoit donné son bien à son oncle avant la fin de sa mort. Il étoit fort obligeant : il m'avoit rendu plusieurs services : il s'est pourtant fâché contre moi une fois : il m'a traité de bavard & d'indiscret.

Eugene. Et il ne s'est pas trompé.

Eudoxe. Pour revenir à notre jeune homme, il ne manquoit point d'esprit ni de talens, mais...

Eugene. Je t'arrête ici sur le *mais*; car tu ne me parois pas fort disposé à faire son panégyrique.

Eudoxe. Ecoute donc, je t'en prie, écoute donc.

Eugene. J'en ai assez entendu. Avec ton jeune homme de quatre-vingts ans, je croyois que tu voulois nous faire remonter au temps des Patriarches.

Eudoxe. Tu te moques de moi. Un jeune homme de quatre-vingts ans ! mais je n'ai pas dit cela. J'ai dit qu'il avoit donné son bien à un oncle de quatre-vingts ans.

Eugene. Je l'ai entendu très-clairement, & tu as dit, qui plus est, avant la fin de sa mort.

Eudoxe. Avant la fin de sa mort ! cela s'entend, c'est-à-dire, avant la fin de sa vie.

Eugene. C'est-à-dire qu'avec toi il faut essuyer une seconde édition. Ma foi, c'est aſſez de la premiere. N'as-tu point oublié auſſi que tu viens de parler contre toi-même ?

Eudoxe. Je ne m'en ſouviens pas. Je n'en ai pas la moindre idée.

Eugene. Voilà nos babillards. Ils parlent, ils parlent ſans ceſſe ſans ſavoir le plus ſouvent ce qu'ils ont dit. Eh - bien ! ſens-tu maintenant la néceſſité du ſilence & de la réflexion ?

Eudoxe. Oui, je vois bien... qu'il faut réflechir... un peu... avant que de parler.

Eugene. Si tu l'avois fait, tu aurois mis plus d'ordre & plus d'intérêt dans ta narration. Tu en aurois retranché les détails inutiles.

Eudoxe. C'eſt vrai.

Eugene. Tu aurois mis chaque mot à ſa place. Enfin tu n'aurois point parlé contre toi-même.

Eudoxe. C'eſt vrai encore.

Eugene. Vois les gens d'eſprit. Ce ne ſont pas eux qui parlent le plus dans les cercles. Ils ſont plus occupés à étudier & à obſerver les hommes, qu'à diſcourir vainement.

Eudoxe. Oh ! mais je n'ai point envie d'être obſervateur.

Eugene. Tu as bien raiſon, mon Ami ; car tu ne me parois pas avoir une grande vocation pour cet état-là.

Eudoxe. Sais-tu bien que tes hommes d'esprit ne font pas auffi amis du filence que tu le prétends ? J'en ai rencontré plufieurs qui parloient beaucoup, & qui m'ennuyoient fort.

Eugene. Cela te prouve, mon Ami, que même en difant de bonnes chofes, il ne faut pas parler trop long-temps. On fuit ces tyrans de la converfation, ces orateurs ambulans qui raffemblent autour d'eux un auditoire bénévole, & qui differtent à perte de vue.

Eudoxe. Je ne fais pas fi les autres penfent comme moi ; mais j'aimerois mieux entendre un fot, grand parleur. Son caquet ne mortifieroit point mon amour-propre : je pourrois d'ailleurs m'égayer à fes dépens & me venger de l'ennui qu'il me cauferoit, par le farcafme & la plaifanterie.

Eugene. Le parti le plus fage pour les hommes d'efprit comme pour les fots, c'eft de ne point s'emparer de la converfation. Si jamais il y a circonftance, où chacun doive avoir fon tour, c'eft fur-tout dans celle-ci. Comme la plupart des hommes, du côté de l'efprit & des connoiffances, ont tout leur bien en argent comptant, comme ils n'ont pas ordinairement affez de fond pour écrire, ils font charmés de fournir chacun leur contingent dans la converfation. Auffi doit-elle être vive & animée. Les

phrases doivent être courtes & précises de
part & d'autre. On doit s'écouter mutuellement & avec patience. Il en faut bannir sur-
tout ce ton imposant & cet air de supériorité
qui semble commander le silence & l'admiration.

Eudoxe. Il me semble, M. du Silence,
que vous vous accoutumez insensiblement
au babil. Prenez-y bien garde : c'est un mal
qui se communique aisément.

Eugene. Quand on instruit quelqu'un, ne
faut il pas développer le précepte ?

Eudoxe. Oui, mais il faut le faire d'une
manière courte & précise.

Eugene. Les sermons sont toujours trop
longs pour ceux qui ne veulent pas en profiter.

Eudoxe. Je me rappelle une histoire fort
plaisante qu'on m'a racontée ces jours derniers. Il faut que je t'en fasse part.

Eugene. Est-ce là le fruit de mes leçons ?

Eudoxe. C'est pour te montrer si j'en ai
profité.

Eugene. J'en doute très-fort. Tiens, je
suis content de ta façon de narrer. Fais-nous
grace de ton histoire.

Eudoxe. Elle est vraiment plaisante. Tu
en riras.

Eugene. Je t'écouterai volontiers, mais à
condition que tu observeras un quart-d'heure
de silence pour méditer sur ce que tu vas dire.

Eudoxe. Un quart d'heure de silence ! mais tu n'y penses pas. J'ai bien de la peine à le garder quand tu parles.

Eugene. C'est-là la condition, mon Ami. Il faut en passer par-là ou se taire.

Eudoxe. Laisse-moi donc dire, je t'en prie, laisse-moi donc dire. C'est un prétendu Marquis...

Eugene. Parle donc puisque tu le veux ; car on arrêteroit plutôt un torrent qu'on ne mettroit un frein à ta langue.

Eudoxe. Un prétendu Marquis que j'ai connu autrefois...

Eugene. Circonstance inutile.

Eudoxe. Il m'aimoit & m'estimoit assez.

Eugene. C'est fort curieux & fort intéressant à savoir.

Eudoxe. Je crois cependant que j'ai très-bien fait de renoncer à sa société.

Eugene. Et moi, je crois que tu devrois te taire.

Eudoxe. Notre Marquis... qu'est-ce que je voulois donc dire ?... Je ne me le rappelle pas.... Tu m'as fait perdre le fil de mon histoire.

Eugene. C'est toi-même qui t'es égaré. Avec tous tes épisodes tu perds toujours de vue l'objet principal.

Eudoxe, après avoir réfléchi un instant. Ah ! m'y voilà, m'y voilà. Notre prétendu Marquis se trouve un jour dans une cour-

pagnie où il ne se croyoit pas connu. Là
il fait l'homme important, il tranche, il décide, il persiffle l'un, il contredit l'autre.
Enfin toute l'assemblée commençoit à être
fort lasse de sa personne. Il adresse par hasard la parole à un homme qui étoit vêtu
fort modestement, & qui l'écoutoit avec un
profond silence. Il lui dit d'un ton railleur :
mais, Monsieur, vous avez-là un habit d'une
très-belle étoffe ; il est fort élégant. Je serois
charmé d'en avoir un échantillon. L'autre lui
répond froidement : vous le trouverez, quand
vous voudrez , chez M. votre Père. Notre
jeune fat rougit à ces paroles, ne dit pas le
mot, & se retire un instant après. Toute la
compagnie fut charmée de le voir humilié. On
auroit volontiers battu des mains pour ap-
plaudir.

Eugene. A quelques circonstances inutiles
près tu as été assez laconique dans ton histoire.

Eudoxe. Il faut que je te dise le nom de
ce jeune fat. Il s'appelle...

Eugene. Comment, mon Ami ! tu viens de
jetter un ridicule sur cet homme, & tu veux
le nommer ! contiens donc ce nerf qui tres-
saille au moindre défaut du prochain.

Eudoxe. Quel mal y auroit-il donc quand
je le nommerois ?

Eugene. Voilà la réponse ordinaire de nos
médisans quand ils sont sur le point de cou-

vrir de ridicule ou de dèshonorer quelqu'un.

Eudoxe. On est si accoutumé à se censurer les uns les autres aujourd'hui, qu'on n'y fait presque plus d'attention.

Eugene. Il seroit à souhaiter que la médisance expirât, comme tu le dis, dans la bouche du détracteur. Mais graces à la malignité de l'esprit humain, elle trouve presque toujours des oreilles complaisantes & attentives.

Eudoxe. Comment ! un trait que j'aurai lancé sans réflexion ou en badinant, sera recueilli avec avidité !

Eugene. Oui, & il volera de bouche en bouche. Chacun voudra embellir le tableau, & il deviendra la nouvelle du jour. Voilà l'histoire de presque toutes les médisances. Qu'on remonte à leur origine, c'est souvent un indiscret & un babillard comme toi, qui a lancé le premier trait.

Eudoxe. Comme la plupart des médisances ne sont pas fondées, elles doivent faire peu d'impression.

Eugene. Tu te trompes, mon Ami. La médisance a plus le talent de persuader que l'éloquence & la raison. Il circule tous les jours dans le monde des bruits dont on connoît la fausseté. C'est une fausseté, dit-on, on en convient. Malgré cela ces bruits continuent, & quelque persuadé qu'on soit du contraire, il y a encore bien des personnes qui s'obstinent à les croire.

Eudoxe. Tu représentes toujours le mal plus grand qu'il n'est. Pour moi, je ne saurois croire que la médisauce ait de si grandes suites.

Eugene. J'en ai fait moi-même l'expérience. J'ai entendu parler dernièrement fort mal d'une personne sur l'article des mœurs. J'ai tout lieu de croire que c'est une calomnie. Je serois en état de le prouver, & cependant il s'élève de temps-en-temps dans mon esprit des soupçons dont je ne suis pas le maître. Il faut que je lutte contre moi-même pour croire cette personne innocente. Vois combien il est dangereux de décrier quelqu'un, même sans fondement.

Eudoxe. Au reste, c'est une balle qu'on se renvoie les uns aux autres ; aujourd'hui mon voisin est sur le théâtre de la critique, demain ce sera mon tour.

Eugene. Je n'aime pas ce jeu-là, mon Ami, il est trop dangereux. Quand ta réputation sera une fois noircie, seras-tu bien dédommagé, en censurant les autres ? La tache n'en restera pas moins. Il est donc plus sûr & plus raisonnable de réprimer ce penchant que nous avons pour la satyre, & de ne pas entretenir cette guerre intestine qui mine insensiblement la société.

Eudoxe. Tu mets de furieuses entraves

à la converſation ; que dira-t-on donc ſi on ne parle pas les uns des autres ?

Eugene. Que dira-t-on ! mais manque-t-on d'autres ſujets de converſation ? l'hiſtoire, la politique, le ſpectacle de la nature ne nous en offrent-ils pas une foule inépuiſable ? faut-il avoir ſans ceſſe dans la bouche la gazette de la ville ?

Eudoxe. Tout le monde ne peut pas s'entretenir ſur l'hiſtoire, la politique, le ſpectacle de la nature ; il faut donc des ſujets plus communs & moins élevés.

Eugene. A ne s'en tenir qu'aux choſes indifférentes & aux bagatelles mêmes qui ſont du reſſort de la converſation, puiſqu'il faut que tout le monde parle ; il y a de quoi occuper une langue auſſi infatigable que la tienne.

Eudoxe. Comment ! on ne peut donc pas ſe permettre la moindre raillerie ! on ne peut donc pas s'égayer un peu aux dépens du prochain ! c'eſt bannir la gaieté des entretiens, c'eſt en ôter tout le ſel.

Eugene. La raillerie eſt permiſe ; mais il faut qu'elle ſoit fine, innocente & ſur-tout laconique : prends bien garde à ces trois conditions, & tu verras que le métier de railleur ne te convient point.

Eudoxe. C'eſt me priver d'un grand plaiſir cependant ; tu ne ſaurois croire combien j'aime la plaiſanterie.

Eugene. Tu ne saurois croire, mon Ami, combien tu te feras d'ennemis par-là. Avant que de manier la plaisanterie, aie soin de prendre acte de l'humeur de ceux que tu tu voudras railler ; tel l'entend aujourd'hui de bonne grace, qui s'en fâche le lende-main.

Eudoxe. Tu fais naître des difficultés partout. Est-ce que la conversation est d'une aussi grande importance que tu le prétends ? Si on faisoit attention à ce que mille per-sonnes disent, ainsi que moi, on ne finiroit pas ; il sembleroit, selon toi, qu'on écoute-roit un entretien avec autant d'attention qu'un sermon.

Eugene. Pour l'ordinaire avec plus d'attention. Tous les hommes qui ont voulu dogmatiser ou semer la révolte, ont plus compté sur les conversations que sur leurs écrits.

Eudoxe. Les écrits cependant devroient avoir plus de poids & d'autorité.

Eugene. Oui ; mais combien y a-t-il de personnes qui lisent ! & parmi celles qui lisent, combien y en a-t-il qui lisent avec réflexion & avec intelligence ! la conversa-tion est donc le livre des ignorans & des esprits superficiels, qui composent la foule dans la société ; c'est-là où ils puisent toutes ces fausses maximes, tous ces préjugés qui règnent dans le monde.

Eudoxe. Si tu raifonnois plus long-temps avec la même force, tu me dégoûterois de la converfation, malgré les charmes qu'elle a pour moi.

Eugene. Je tè rendrois un grand fervice auffi-bien qu'à ceux qui font dans la dure néceffité de t'écouter.

Eudoxe. Je t'en difpenfe très-volontiers,

Eugene. Pour te convaincre entièrement des fuites de la converfation, je vais t'en fournir une nouvelle preuve. Qu'un homme foit fur les rangs pour remplir un emploi ou occuper une charge, l'envie fe réveille alors; toutes les langues s'exercent fur fon compte; on fait fon portrait fans oublier aucun trait. Des actions qui avoient été anciennement l'objet de la critique, mais qui paroiffoient enfevelies dans l'oubli, des paroles qui avoient échappé dans les entretiens; tout eft rappellé, rien n'eft oublié. On examine notre homme avec la derniere rigueur fur tous fes difcours & toutes fes actions; on remonteroit prefque jufqu'à fon berceau.

Eudoxe. Pour moi, je ne fais pas tant d'attention à ce que les autres difent ou font.

Eugene. Il y en a qui fe chargent de ce foin-là pour toi; on ne manque point de perfonnes dans le monde qui ont la charité de recueillir tout ce que vous dites & tout ce que vous faites, & qui en font usage en temps & lieu.

Eudoxe. Tu m'as assez prêché : écoute-moi à mon tour. Que j'ai fait une belle chasse avant-hier ! j'ai tué six lièvres sans les perdreaux.

Eugene. Tu ne parles point des pièces que tu as manquées.

Eudoxe. Oh ! je sais manier un fusil ; il est rare que je manque mon coup ; je dépeuplerois une forêt.

Eugene. Eh - bien ! je parie que cette chasse si vantée s'est réduite à un malheureux moineau qui a été la victime de ta maladresse.

Eudoxe. Il n'y a point d'agrément à converser avec toi ; tu ne crois jamais ce qu'on te dit.

Eugene. C'est que tu es un peu sujet à caution : tout grand parleur est grand hableur.

Eudoxe. Ne vas-tu point douter encore de ce fait-là ? J'ai rencontré dernièrement trois voleurs ; tu sens bien que je n'étois pas disposé à me laisser dépouiller. J'ai tombé sur eux, je les ai mis en fuite & je les ai même poursuivis assez loin.

Eugene. J'en doute très-fort : dans le danger, on voit plus souvent ton dos que ton visage.

Eudoxe. Oh! je ne tremble pas.

Eugene. Ici. Mon Ami, tu reſſembles un peu à Mercure ; tu as des ailes aux talons.

Eudoxe. A-propos, as-tu appris que notre Ami commun étoit allé recueillir une riche ſucceſſion ?

Eugene. Oui.

Eudoxe. Sais-tu bien qu'elle va groſſir conſidérablement ſa fortune : elle monte à cinq ou ſix cens mille livres.

Eugene. Il faut en rabattre tout-d'un-coup les deux tiers.

Eudoxe. Qui eſt-ce qui te l'a dit ?

Eugene. C'eſt lui-même. *Eudoxe paroît ſurpris.* Eh-bien ! tu vois toujours les objets avec un microſcope. Il n'y a point de nains avec toi, tout eſt géant. Quand une fois ta langue eſt en marche, tu dis tout ce que tu ſais, & plus ſouvent ce que tu ne ſais pas.

Eudoxe. Mais du moins dans ce que j'ai dit, je n'ai compromis perſonne.

Eugene. Non ; mais tu t'es compromis toi-même, & c'eſt ce qui t'es arrivé encore dans une ſociété où nous nous ſommes trouvés dernierement enſemble.

Eudoxe. Qu'eſt-ce que j'ai donc dit dans cette ſociété ? je ne me ſouviens point d'y avoir parlé mal-à-propos.

Eugene. Non, tu n'as rien dis mal-à-propos ; tu as feulement vanté beaucoup ta famille , tes richeffes, tes prétentions.

Eudoxe. Qu'eft-ce que j'ai donc dit encore ?

Eugene. Non , non , je me trompe ; tu n'as rien dit mal-à-propos ; tu t'es feulement donné quelques qualités & quelques titres que tu n'as point ; tu as feulement groffi un peu les traits dans quelques hiftoriettes que tu nous a racontées.

Eudoxe. Eft-ce que la compagnie a fait des réflexions là-deffus ?

Eugene. N'en doutes point ; on t'a toifé en peu de mots lorfque tu es forti.

Eudoxe Qu'a-t-on donc dit ?

Eugene. On a dit d'une commune voix, que tu étois un homme vain , un grand parleur & un hableur ; & entre un hableur & un menteur la diftance n'eft pas grande.

Eudoxe. Que te vouloit donc dire cette perfonne qui t'a tiré à part dans la compagnie ?

Eugene. As-tu quelque intérêt de le favoir ?

Eudoxe. Non , je te le demande feulement par maniere de converfation.

Eugene. Oui , pour l'aller publier fur les toits.

Eudoxe. Quel ton ! vous feriez prefque trembler les gens qui ont peur.

Eugene. Pourquoi me faire cette queftion ?

on me confie un secret., ne faut-il point te le révéler ?

Eudoxe. C'est un petit mouvement de curiosité. …

Eugene. Qui ne t'arrive que trop souvent. S'il tombe dans tes mains quelque étranger, il faut qu'il essuie de ta part mille questions qui se succèdent rapidement, & sans attendre souvent sa réponse ; il faut que tu saches son nom, toutes ses affaires, tous ses secrets, que tu sois instruit de tous les menus faits, des plus minces détails qui regardent sa famille, & tout cela, pour exercer ton caquet.

Eudoxe. Cette curiosité est une preuve de l'intérêt qu'on prend à tout ce qui regarde les personnes.

Eugene. Eh ! mon Ami, on te dispense très-volontiers, toi & tes pareils, de cet intérêt que tu veux bien prendre aux affaires des autres ; exerce ta curiosité sur des sujets plus nobles & plus intéressans.

Eudoxe. Eh ! mon Ami, te voilà fâché.

Eugene. Oui, & j'ai sujet de l'être. Rien de plus ennuyeux, rien de plus insupportable que ces questionneurs perpétuels qui veulent savoir tout, être informés de tout, qui meublent leurs têtes de mille choses qui ne méritent pas d'occuper une place dans la mémoire, qui vont de porte en porte recueillir tous les petits évènemens d'une ville,

Cette curiosité annonce une tête étroite, un esprit borné, & un grand penchant pour la satyre.

Eudoxe. Tout le monde ne peut pas avoir la même dose d'esprit ni de jugement.

Eugene. On en a toujours assez pour ne pas faire des questions indiscrètes. Avec certaines personnes on est comme un criminel. Il faut subir l'interrogatoire. Quelquefois même elles croient se faire honneur par-là, & jouer le rôle d'important. Elles prennent avec vous un ton de protection, un air de supériorité qui vous humilie.

Eudoxe. On peut fort bien ne pas leur répondre, si l'on veut.

Eugene. Il leur arrive quelquefois d'être punis comme toi de leur curiosité ; mais ces petites humiliations ne les corrigent guères.

Eudoxe. Au reste, ce n'est pas un grand défaut.

Eugene. Oui, jouer le rôle d'espion, voler les secrets des familles, fournir sans cesse de l'aliment aux langues médisantes, enrichir de ses recherches la chronique scandaleuse, ce n'est pas là un grand défaut.

Eudoxe. Ne sommes-nous pas faits pour nous examiner & nous juger les uns les autres dans la société ?

Eugene. Quand les paroles & les actions sont publiques ; mais pénétrer dans l'intérieur des familles, aller fouiller dans les lieux les plus secrets, être, pour ainsi dire, à l'affût de toutes les paroles & de toutes les actions des autres, déchirer le voile sous lequel elles sont enveloppées, & les produire au grand jour, c'est un rôle fort indécent & fort bas ; & voilà celui de nos curieux.

Eudoxe. Allons, je me corrigerai sur ce défaut, & je ne ferai plus de questions indiscrètes.

Eugene. Pas plus tard qu'aujourd'hui.

Eudoxe. Non, je te le promets... comme tu es un homme fort discret, & que je n'ai rien de caché pour toi, il faut que je te communique une affaire qu'on m'a confiée sous le secret à la vérité ; mais elle n'est pas fort importante.

Eugene. Ne l'aurois-tu point confiée par hazard sous le secret à quelque autre ?

Eudoxe. Je crois... l'avoir... communiquée à une ou deux personnes.

Eugene. Par maniere de conversation, suivant ta louable coutume. Comment ! tu abuses ainsi de la confiance des gens ! Mais sais-tu bien qu'en laissant sortir de tes lèvres les secrets de tes amis, l'amitié, la fidélité, l'honneur sortent en même temps de ton ame. Si tu n'es pas discret, quelle fonction pourras-tu donc remplir dans la société ? Il n'y a pas d'emploi qui n'exige cette qualité plus ou moins.

Eudoxe. La franchise n'est - elle pas la premiere qu'on doit porter dans les emplois. ?

Eugene. Oui, sans doute ; parce que sans elle il n'y a point de droiture. Mais la franchise consiste-t-elle à dévoiler indiscrètement & sans choix toutes ses pensées & ses sentimens , les secrets qu'on a confiés à notre fidélité & à notre probité ?

Eudoxe. On regarde cependant comme dissimulés les hommes qui ne disent pas leurs pensées.

Eugene. Il faut distinguer. On regarde comme dissimulés ceux qui les couvrent de finesse, de mensonge & d'artifice ; mais ceux qui gardent simplement le silence sur les discours & les pensées qu'ils ne doivent pas communiquer , ne méritent pas ce titre odieux.

Eudoxe. J'avois envie de te confier encore un secret : mais, pour te prouver que je suis capable de discrétion quand je veux, je ne te le dirai pas.

Eugene. C'est un petit jeu de l'amour-propre dont je ne suis pas dupe. Je suis persuadé que tu ne grossiras pas la liste peu nombreuse des martyrs du secret. Tu t'y prends mal d'ailleurs pour le cacher. Sais-tu bien qu'il en est du secret comme d'un trésor. Il est à demi-découvert , quand on sait qu'il est caché.

Eudoxe.

Eudoxe. Il faut prendre bien des mesures pour parler avec toi à propos.

Eugene. Elles sont toutes simples ; c'est de savoir se taire quand il le faut, de parler à son tour, de se modérer pendant le discours.

Eudoxe. Voilà trois conditions que j'aurai bien de la peine à remplir.

Eugene. Elles sont cependant de la dernière importance. L'art de se faire aimer & estimer dans le monde dépend de l'art de gouverner sa langue.

Eudoxe. Je crois qu'il dépend plutôt des bienfaits & des services qu'on rend aux autres.

Eugene. Non ; parce que ces bienfaits & ces services sont des actes passagers ; mais l'exercice de la langue est fréquent & journalier. Aussi est-ce dans la conversation qu'on déploie ses qualités ou ses défauts, que l'ame se fait connoître telle qu'elle est. Il est donc fort important d'être maître de sa langue, de se concilier les cœurs par des paroles qui soient l'image d'un bon caractère & d'un esprit sensé.

Eudoxe. Je suivrois volontiers ton avis ; mais je crains, en observant le silence, de devenir taciturne.

Eugene. N'aie point d'inquiétude. Je réponds de toi sur cet article.

K

Eudoxe. C'est un grand défaut , mon Ami.

Eugene. C'en est encore un bien plus grand d'être babillard.

Eudoxe. Allons, il faut donc renoncer au babil.

Eugene. Oui , je te le conseille très-sérieusement. Tu ne seras plus ni médisant, ni hableur, ni curieux, ni indiscret.

Eudoxe. Sur ce pied-là j'y renonce , & pour te prouver la sincérité de ma conversion , je ne te conterai plus qu'une petite histoire.

Eugene. Pour la prouver, il faut se taire.

Eudoxe. Que tu es prompt ! Notre conversation finit trop tôt.

Eugene. Silence.

Eudoxe. Encore quelques paroles, & je l'observerai ensuite.

Eugene se retire sans rien dire.

ÉLOGE
DE SUGER,

*Abbé de Saint-Denys, Miniſtre d'État ;
& Régent du Royaume ſous le regne de
Louis VII, dit le Jeune, avec des
Notes hiſtoriques.* *

Curtius Rufus ex ſe videtur natus. (*Tacite.*)

QUAND un homme eſt deſtiné à jouer un
grand rôle, & qu'il n'a que ſon mérite &
ſes talens pour appui, il va ordinairement plus
loin que les autres dans la carrière des honneurs & de la gloire. Les efforts qu'il eſt obligé
de faire pour percer les obſtacles qu'il a à ſur-
monter, les préjugés qu'il a à combattre, cette
foule de jaloux qui l'entourent & qui ne ſont
occupés qu'à multiplier ſes travaux, qui lui
feroient même un crime, s'ils l'oſoient, des
dons qu'il a reçus de la nature, tout lui fournit
l'occaſion de déployer ſes talens. Obligé de
faire preuve de mérite à chaque inſtant, forcé
de gravir de rochers en rochers pour s'élever,

---

* Ce Diſcours a concouru pour le prix de l'Académie
Françoiſe en 1779.

K ij

fon caractère s'affermit & fe familiarife avec les difficultés : fon ame s'agrandit & acquiert tous les jours plus d'énergie. Ses lumières & fes connoiffances s'étendent de plus en plus, fon expérience & fa capacité ne vont qu'en croiffant. Après une lutte continuelle contre les artifices de l'adulation ou contre les intrigues de l'envie, il prend enfin cet afcendant que les ames fortes ont tôt ou tard fur les ames ordinaires. Parcourons les faftes de l'hiftoire, comparons les grands hommes nés dans l'obfcurité avec ceux qui ont uni aux talens l'heureux avantage de la naiffance. Nous verrons dans les premiers une marche plus foutenue, un caractère plus ferme & plus décidé, des talens plus marqués, une capacité & des lumières plus étendues. Le grand homme qui eft l'objet de cet éloge, en eft un exemple frappant (1) : que de pas n'avoit-il pas à faire pour aller s'affeoir auprès du trône ? Tout ne fembloit-il pas l'exclure d'un honneur auffi flatteur & auffi diftingué ? Sa naiffance, la profeffion qu'il avoit embraffée, fon extérieur peu impofant, les préjugés & le caractère de fa nation. Avec un génie élevé & fécond en reffources, avec ce courage d'efprit fi néceffaire dans les hommes d'état, il triomphe de tous ces obftacles. Il eft beau de le voir jetter les fondemens de fon élévation, de le confidérer enfuite révêtu de l'autorité royale. C'eft le fpectacle le plus intéreſſant pour l'humanité, que de voir le grand homme aux priſes avec la fortune.

Il en est des grands hommes comme des empires : comme ceux-ci ne s'élevent & ne s'étendent ordinairement que par dégrés, de même ceux-là reſtent ſouvent long-temps confondus dans la foule, juſqu'à ce qu'un coup d'éclat annonce leur glorieuſe deſtinée, & les tire de la claſſe du vulgaire.

Suger ne fut point du nombre de ces hommes privilégiés, que la fortune place tout d'un coup au milieu de la carriere : il ne s'annonce point en naiſſant par une longue ſuite d'ancêtres, par une liſte faſtueuſe de titres & de qualités qui diſpenſent trop ſouvent du mérite. La gloire qui environne le berceau du grand homme, vaut tous les ayeux. A peine connoît-on le nom de celui qui lui donna la naiſſance. Cet homme qui devoit être un jour ſi cher à la France, eſt enlevé dès ſon bas-âge pour être renfermé dans un cloître. Elimand décide lui-même du ſort & de la vocation de ſon fils (2), & l'innocente victime eſt forcée par une coutume barbare de ratifier l'acte de ſon ſacrifice. Comment Suger pouvoit-il prendre l'eſprit d'une profeſſion qu'il n'avoit point embraſſée par choix ? Comment cette jeune plante pouvoit-elle croître dans une terre qui avoit perdu ſa fécondité primitive (3) ? Entouré d'hommes oisifs , il y apprenoit à être un homme inutile. Sous le spécieux prétexte de ménager sa complexion délicate , on captivoit un esprit né pour les plus grandes choses. L'or restoit enseveli dans la mine. Adam, Abbé de S. Denys , le tire enfin de l'obscurité à laquelle il paroissoit condamné.

On donne de l'aliment à son esprit qui jusqu'alors n'avoit point eu la liberté de prendre l'essor. Mais quel aliment ! des élémens informes de grammaire, aucun principe de goût , des connoissances philosophiques qui se bornoient à une fausse dialectique , plus occupée des mots que des choses, une théologie remplie de questions vaines , subtiles & contentieuses. Quelle éducation pour un homme d'Etat ! ah ! c'est dans l'histoire , c'est dans la politique qu'il doit puiser ses lumieres.

C'est-là qu'il apprend à connoître les hommes, à peser les intérêts des peuples, à les discuter avec toute l'importance qu'ils méritent , à imprimer le mouvement à tous les membres d'un état, à communiquer à chacun d'eux le dégré d'influence, dont il est susceptible, à donner à l'autorité ce caractère d'humanité , de grandeur & de fermeté qui lui concilie également l'amour & le respect. Il voit dans ce vaste tableau du monde politique & moral, les obstacles que les passions opposent au bien & à la tranquillité publique, les ressorts que l'intrigue fait jouer pour traverser les projets d'un sage administrateur. Il y cite à son tribunal tous les hommes qui ont joué un grand rôle dans l'univers, & il juge leurs fautes & leurs succès. Cet examen intéressant devient pour lui une expérience anticipée.

Voilà le plan que Suger se forme après son cours d'étude : voilà la seconde éducation qu'il se donne à lui-même (4).

Le mérite de notre jeune Religieux étoit renfermé dans l'enceinte d'un monastère : il lui falloit un plus grand théatre ; un concile tenu à Poitiers pour le secours de la Terre Sainte, est le premier champ qui s'offre à ses observations. La carrière s'ouvre : notre jeune athlète y va faire les premiers pas : il va faire enfin l'application des principes de politique qu'il s'est formé.

C'est en effet dans les grandes assemblées qu'on apprend à traiter les affaires, à manier les esprits, à maîtriser les passions, à diriger tous les intérêts vers un même but. La variété des humeurs, des caractères, des esprits, le choc des intérêts, le dégré d'influence de chaque passion dans les affaires, la force & l'empire du préjugé, l'ascendant d'une imagination forte sur le bon sens & la raison, tout y est digne de nos observations. On se forme dans les grandes assemblées à cette éloquence populaire & du moment ? souvent plus persuafive que celle qui est le fruit de l'art & de la réflexion. On y ac‑quiert cette hardieffe, cette confiance si né‑ceffaire au dévelopement des talens. Tous les regards qui se fixent alors sur vous, vous élèvent au‑deffus de vous‑même & vous inf‑pirent une noble émulation, qui est le gage le plus affuré des fuccès.

A peine Suger est‑il forti du concile de Poitiers : je le vois déjà dans le confeil de nos Rois. Il y étonne les hommes les plus confommés dans les affaires par la fageffe de fes avis, par la jufteffe & la pénétration de fon efprit. L'Abbé de S. Denys a‑t‑il quel‑que commiffion délicate & importante à confier ? Faut‑il complimenter le fouverain Pontife au nom de fon Abbaye ? Faut‑il juf‑tifier la conduite de fes confreres (5) ? Ré‑primer les excès & les brigandages d'un voi‑fin ambitieux ? C'eft Suger qui en eft chargé.

Je le vois déjà lutter contre le baron du Puifet (6). Envain celui‑ci déploye‑t‑il toutes fes reffources, envain déploie‑t‑il fon cou‑rage & fon habileté dans les combats. Le génie a toujours l'afcendant fur la force. Suger follicite, négocie. Par fa politique adroite, il triomphe de fon ennemi, & la fortereffe du Puifet, où il avoit bravé fi long‑tems l'autorité royale, devient fa con‑quête.

Suger jouiffoit en paix de fon triomphe,
lorfque Louis-le-Gros l'appella auprès de fa
perfonne. Ce prince vouloit mettre fes talens à l'épreuve : il l'envoie à Rome avec les
Prélats françois. Quelle différence entre ce
féjour & celui qu'il vient de quitter ! à la
cour de Louis-le-Gros, tout ne retentiffoit
que du bruit des armes : on n'y refpiroit
que la guerre & les combats. Cette politeffe
& cette urbanité que la culture des fciences
& des arts peut feule procurer, en étoit
bannie. On y voyoit une nobleffe fiere, tur-
bulente, inquiète ; d'une délicateffe excef-
five fur le point d'honneur, jaloufe de fon
indépendance, pleine de franchife, auffi ennemie de la diffimulation que des fciences,
une nobleffe qui ne connoiffoit que fon épée
pour traiter les affaires. Ce n'étoit pas là une
école pour un homme que la providence
deftinoit à des emplois pacifiques & à un
miniftère difficile & orageux ? On y apprenoit plus à combattre, qu'à négocier & à
fubjuguer les hommes par la douceur & la
raifon. Il lui falloit d'autres leçons & d'autres
exemples.

Où pouvoit-il les trouver plus fûrement
que dans une cour où l'on voyoit briller
encore quelques rayons de lumière, qui
feule avoit un fyftême fuivi de politique,
qui par-là avoit pris l'afcendant fur les autres cours de l'Europe, & étoit devenue le

centre des affaires. C'eſt là qu'il voit des hommes inſtruits & conſommés dans la politique. Il ſe forme avec eux dans l'art de négocier. Si vous voulez entrer dans cette carrière & vous y diſtinguer, appliquez-vous ſur-tout, lui diſent-ils, à connoître exactement les intérêts des peuples, les cauſes de leur puiſſance ou de leur foibleſſe, leurs principes d'adminiſtration & de politique. Repliez-vous ſans ceſſe ſur vos projets pour les étendre ou pour les reſſerrer, pour les ſuſpendre ou pour les précipiter, ſuivant les circonſtances. Toutes les affaires ont un point de maturité d'où dépend leur ſuccès ; attendez-le avec patience. Souvent on n'eſt jamais plus proche de ſon terme que lorſqu'on en paroît plus éloigné. La célérité dans les opérations eſt la première qualité du guerrier : une lenteur prudente eſt celle du négociateur. Soyez impénétrable, en pénétrant les deſſeins des autres ; montrez un eſprit libre & tranquille au milieu des plus grandes agitations & des plus grands embarras : dépouillez-vous, s'il eſt poſſible, de toute paſſion pour maîtriſer les autres par les leurs. Il faut étudier l'humeur, le caractère & les paſſions de ceux avec qui l'on traite, obſerver leur génie, l'étendue de leurs lumières & leur manière de penſer ; on tourne enſuite contre eux leurs défauts & leurs qualités mêmes,

& on les fait servir ainsi adroitement d'inf-
trumens à ses desseins.

Les fréquens entretiens de Suger avec ces
habiles politiques, ne se bornent point au
talent de la négociation. La science de l'homme de cour, en est aussi l'objet. Il apprend
avec eux à se maintenir dans la faveur.

Essuyer patiemment les caprices & l'humeur du prince, saisir les momens favorables
pour s'en faire écouter, étudier ses goûts &
ses penchans, lui faire goûter la vérité, en
ne la présentant que d'une manière indirecte
& par son silence même, prendre l'ascendant sur lui sans choquer sa fierté, se rendre
nécessaire sans être importun, prévenir ses
pensées & ses desirs, & lui ménager par-là
le plaisir de la surprise, montrer en toute
occasion un attachement sincère pour sa personne, fermer à propos les yeux sur ses foiblesses & ses écarts, ne les lui représenter
que dans ces intervalles lucides où la raison
a repris ses droits, tenir un juste milieu entre un censeur austère & un fade adulateur;
être poli, affable, prévenant à l'égard des
courtisans, leur laisser l'accès libre auprès
du prince, ne leur montrer ni jalousie ni
défiance, en un mot être favori sans le paroître, voilà les leçons qu'il en reçoit. Il
s'instruit sur-tout à fond de la puissance,
des forces & du gouvernement des différ-
rens états de l'Europe, du génie, du carac-

K vj

tère & de la capacité des princes qui y ré
gnent, & de leurs miniſtres. Les vues, les
intérêts & la politique de la cour de Rome,
n'échappent point à la pénétration de cet habile obſervateur.

Semblable à un père tendre & prévoyant
qui ſe ménage de loin des reſſources pour
ſoutenir une famille chère qui croît & ſe
multiplie ſous ſes yeux, Suger avoit amaſſé
ces tréſors de connoiſſances pour ſa patrie,
qui devoit un jour en recueillir les fruits.
Chargé de cette précieuſe collection, il revient auprès de ſon Prince, plus digne que
jamais de ſa faveur & de ſa confiance : belle
leçon pour ceux que la force & l'étendue
de leur eſprit, la nobleſſe & l'élévation de
leurs ſentimens, la fermeté de leur caractère
appellent à l'emploi ſublime du gouvernement. Voyager ainſi, c'eſt voyager comme
Solon, en ſage & en homme d'Etat. C'eſt
dépouiller les étrangers de leurs connoiſſances
politiques pour en enrichir ſa nation, c'eſt
dérober leur ſecret, c'eſt agrandir ſes vues
& n'être étranger dans aucun gouvernement;
c'eſt préparer de loin la réforme de ſa nation, de ſes loix, de ſa conſtitution.

Louis-le-Gros qui avoit déjà éprouvé le
talent de Suger pour la négociation, lui confie à ſon retour pluſieurs commiſſions importantes, qu'il remplit avec beaucoup d'intelligence. Cet habile négociateur ne mar-

thoit que pas-à-pas dans le chemin des honneurs. Il n'avoit point encore été revêtu d'un caractère public. Son Prince le charge d'une nouvelle négociation, & l'envoie avec le titre d'ambassadeur auprès du pape Calixte second. Si l'appareil est nécessaire, c'est surtout quand on est chargé de grands intérêts. Il faut faire briller sur sa personne quelques rayons de la majesté du trône pour en mieux soutenir les droits. Cet éclat dont on s'environne, dispose les esprits à nous écouter favorablement. Les prétentions qu'on annonce dans le cours d'une négociation, passent plus aisément à la faveur de cet extérieur imposant. On craint toujours d'avilir un homme qui s'est montré avec un air de dignité & de grandeur. Le crédit & la considération, dont une nation doit jouir chez ses voisins, exigent d'ailleurs dans ses représentans une pompe & une magnificence qui choqueroient dans un simple particulier. Aussi Suger qui savoit distinguer l'homme d'Etat, du religieux, paroît-il dans cette cour avec toute la dignité d'un envoyé d'un grand Prince. Il conduit la négociation dont il est chargé avec tant de prudence & d'habileté, que le souverain Pontife veut le fixer auprès de sa personne : les premières dignités de l'église auroient été son partage ; mais ce grand homme se devoit à son Prince & à la patrie. Des honneurs moins brillans peut-être, mais plus flatteurs, l'y attendoient. La gloire l'y appelloit.

La mort d'Adam, son bienfaiteur, lui ouvre la porte des dignités : il est élu Abbé de S. Denys d'une voix unanime ; mais cette élection éprouve bien des contradictions. Louis qui aimoit Suger, l'approuve enfin, malgré les intrigues de ses ennemis. Pour confondre la jalousie, il veut être lui-même témoin de son inauguration. Quel spectacle pour un sujet ! voir un grand Prince entouré de ses courtisans qui vient lui-même prendre part à votre joie, qui vient vous féliciter ! quel triomphe pour l'amour-propre ! quelle douce volupté pour une ame sensible & généreuse ! oui, c'est-là un de ces momens délicieux où l'on jouit réellement de son existence.

A peine Suger est-il en possession de son abbaye, qu'il voit la France menacée d'un orage qu'il avoit prévu, & qu'il s'étoit efforcé de détourner. L'Empereur venoit de faire sa paix avec le S. Siége. La querelle des investitures qui avoit divisé si long-tems le Sacerdoce & l'Empire, étoit enfin terminée. Après avoir long-tems écrit, disputé, combattu, on venoit de finir par où l'on auroit dû commencer ; & voilà l'histoire de toutes les querelles & de tous les démêlés qui troublent le repos de la société. Les esprits s'échauffent, la passion s'en mêle, on n'écoute

plus la raifon, on va trop loin de part &
d'autre. Ceux qui ont le bon droit pour eux,
font tort à la bonté de leur caufe par la
chaleur & l'animofité avec laquelle ils la dé-
fendent. Ceux qui la combattent, montrent
trop d'entêtement & d'opiniâtreté. Certains
efprits fougueux, ardens & inquiets qui
font ordinairement l'ame des partis, fouf-
flent le feu de la difcorde. Les efprits modérés, gémiffent en fecret de ces divifions,
& attendent en filence la fin de la tempête.
Enfin las de-difputer & de combattre, on
fait la paix. Chacun fe reproche alors les
excès auxquels il s'eft porté, & les deux
partis finiffent par avoir tort l'un & l'autre.

Henri V, malgré fon accommodement
avec la cour de Rome, confervoit toujours
le reffentiment de l'excommunication qui
avoit été lancée contre lui au concile de
Rheims (7); il arme deux cens mille
bras pour fervir fa vengeance. Louis-le-
Gros, de fon côté, prince actif & vigilant,
convoque tous les vaffaux de la couronne.
Les guerres inteftines qui déchiroient le
royaume, ceffent : tout jufqu'aux eccléfiafti-
ques s'arme pour repouffer l'ennemi commun. L'Abbé Suger fe trouve auffi au rendez-vous à la tête de fes vaffaux, très-dif
pofé à fignaler fon courage (8) & fon zèle
pour les intérêts de l'Etat. L'Empereur effrayé
de ce formidable appareil rentre dans fes

états sans oser rien tenter. L'armée nombreuse & florissante de Louis, qui pouvoit rendre l'empire à la maison de France, ou du moins enlever à l'Angleterre le duché de Normandie, se disperse par la politique des grands vassaux de la couronne, & le royaume est livré de nouveau à la fureur des guerres privées.

Suger dépose les armes & la cuirasse pour reprendre des fonctions plus convenables à son état. La mort de l'Empereur lui fournit une occasion brillante de déployer ses talens pour la négociation. La France étoit fort intéressée dans le choix de son successeur. On n'ignoroit point dans cette cour les mesures qu'Henri avoit prises avant de mourir pour assurer l'empire à sa maison, & on vouloit les faire échouer. Louis jette les yeux sur l'Abbé de S. Denys pour conduire cette grande affaire. Ce sage politique ménage si adroitement les esprits, qu'il fait donner l'exclusion aux deux neveux du dernier Empereur, & qu'il enlève ainsi la couronne impériale à l'ancienne maison de Saxe qui la possédoit depuis deux siècles. La gloire dont il se couvrit dans cette négociation importante, augmenta beaucoup son crédit & sa réputation (9).

L'ame de Suger sembloit s'élever avec sa fortune. On remarquoit plus de décence & de dignité dans sa conduite, plus de noblesse

& de grandeur dans ses sentimens. Ce n'é-
toit plus ce guerrier toujours ennemi des
bienséances, ne respirant que le tumulte des
armes & des combats, ce courtisan uniquement occupé de sa fortune & de son élévation, esclave de la faveur, toujours dans l'a-
gitation, toujours dans l'intrigue. La Religion, en le rappellant aux devoirs de son
état, lui inspiroit insensiblement cet esprit
d'ordre & de régularité qui caractérise le
sage. Il conçoit alors le projet de la réforme
de son abbaye, & il l'exécute en homme qui
connoissoit le cœur humain; il préfère la
voie de la persuasion à celle de l'autorité.
En sage réformateur il commence par lui-
même. Ses religieux imitent insensiblement
son exemple. La réforme s'introduit comme
d'elle-même dans son monastère, & il la
soutient par une conduite ferme & irrépro-
chable. C'est par ces actes de sagesse & de
vertu que la providence le disposoit au gouvernement d'un grand peuple.

La vie tumultueuse & agitée de la cour
n'a plus de charmes pour vous, homme sage
& vertueux. Vous vous disposez même à
l'abandonner (10). Ah! jettez les yeux sur
ce peuple qui gémit sous le poids d'une aris-
tocratie plus oppressive que le despotisme
même, qui se voit outragé dans ses droits
les plus sacrés. En cherchant un libérateur, il tourne ses regards vers vous. C'est

vous qu'il conjure de brifer fes fers. Serez-vous infenfible à fes plaintes & à fes gémif-femens ? N'êtes-vous pas citoyen avant que d'être religieux ? Le trône de vos Rois eft dans l'avililfement, & vous méditez votre retraite. Ah ! rendez-lui auparavant fon antique fplendeur. Réprimez l'orgueil de cette foule de tyrans fubalternes, trop puiffans pour être fujets, trop foibles pour être fouverains. Arrachez-leur le fceptre de fer dont ils font armés. Depuis trop long-tems ils pefent fur la nation : il faut la venger de leurs attentats. Tout eft dans la confufion & l'anarchie ; on ne connoît point d'autre loi que l'empire de la force ; & vous méditez votre retraite. Ah ! rétabliffez l'ordre auparavant. Snbftituez la loi d'équité qui eft gravée dans votre cœur à ces coutumes barbares & abfurdes qui ne paroiffent favorables qu'aux oppreffeurs qui les ont introduites... Mais que dis-je ? Suger docile à la voix du Souverain eft déjà occupé à reconftruire l'édifice de la monarchie, à créer un nouveau peuple. Ces fiers vaffaux qui s'étoient élevé une efpèce d'empire dans leurs terres ou dans leurs gouvernemens, commencent à reconnoître un maître. Le trône reçoit leurs hommages : il eft déjà le centre de l'autorité. Le peuple affujetti auparavant au joug comme la brute, commence à avoir une exiftence civile, à jouir de la fûreté perfonnelle &

du fruit de ſes travaux. Les abus toujours renaiſſans dans ces temps de confuſion & d'anarchie, ſont ſans ceſſe réprimés par la vigilance de Suger. Ce ſage réformateur a même le courage de s'élever au-deſſus des préjugés conſacrés par un reſpect religieux. Les autels, dont la vertu ſeule a le droit d'approcher, ne ſont plus, malgré les cris de la ſuperſtition, les aſyles du malfaiteur, & les complices de ſes forfaits. La procédure devient plus uniforme & plus régulière dans les tribunaux. Si Suger n'a pas la gloire de créer une légiſlation, il montre au moins juſqu'où peut aller le génie de l'adminiſtration dans un ſiècle où les vrais principes de politique étoient ignorés ou méconnus. Il fait créer un peuple libre, en donnant plus d'éclat au trône...

Pendant que Suger conſacroit ſes travaux & ſes veilles au bonheur de la France, S. Bernard, ſon ami, éliſoit un Pape, & terminoit un ſchiſme. Cet homme extraordinaire étoit dans la religion ce que l'Abbé de S. Denys étoit dans la politique. Même ſolidité, même pénétration, même étendue d'eſprit. Tous deux étoient également ſupérieurs à leur ſiècle : tous deux avoient une ame également forte & élevée ; mais celle du premier étoit plus ſenſible ; & c'étoit là la ſource de ſon éloquence, de cette éloquence du cœur qui a toujours été supérieure au raisonnement. Tous deux avoient un talent merveilleux pour s'insinuer dans les esprits, & une connoissance profonde du cœur humain, qui étoit le fruit du génie dans l'un, & dans l'autre celui de la réflexion, d'une longue expérience & d'une fréquentation habituelle des hommes. Suger mettoit plus de flegme & plus de suite dans ses opérations, Saint-Bernard, plus d'ardeur & plus de feu. Le premier étoit fait pour gouverner les hommes ; le second, pour les terrasser & les subjuguer. Le premier étoit ferme sans prévention ; le second n'en a pas toujours été exempt, & a été quelquefois dupe de son zèle. Saint-Bernard dédaignoit trop les voies ordinaires, & donnoit trop à la pureté des motifs ; Suger, quelquefois trop à la politique. La vertu a été plus éminente & plus soutenue dans le premier ; mais elle a été moins austere dans le second. Ces deux grands Hommes ont également honoré leur siécle, & étoient faits, l'un pour l'éclairer, l'autre pour le gouverner.

L'Abbé de Saint-Denys est choisi par son Souverain pour aller complimenter le nouveau Pontife sur son élection. Ce sage Ministre toujours inquiet sur le sort de l'État & de la Famille regnante, ne se borne point à cette vaine cérémonie. Louis-le-Gros, par son

Conseil, profite de la présence du Pape, pour faire couronner son Fils. Voilà vos projets anéantis, vous qui portiez déjà vos vues ambitieuses jusques sur le Trône, vous qui vous disposiez déjà à dépouiller l'héritier présomptif du patrimoine de ses Peres. Les troubles inséparables d'une longue minorité sont prévenus. La Couronne est assurée à la Famille regnante; vous voilà liés au Trône de la maniere la plus solemnelle. Le serment que vous venez de faire devant le souverain Pontife & en présence de toute sa Cour, dépose déjà contre vous, & vous livre à l'infamie si vous êtes infidèles à votre Prince & traîtres à la Patrie. Suger, après un service aussi important, n'est plus regardé simplement comme un habile & fidèle Ministre. Louis-le-Gros l'honore du nom d'Ami. Il vit avec lui dans la familiarité la plus intime. C'est sur-tout dans une maladie de ce Prince que toute la Cour fut témoin de cette liaison étroite. Il vouloit toujours l'avoir à ses côtés. Il déposoit dans le sein de ce fidèle Ministre toutes ses pensées & ses sentimens. Combien de fois ne lui donna-t-il pas le nom d'Ami, & de cher Ami! O vous qui repoussez les vôtres par la hauteur & la fierté, quand une fois la fortune a mis quelque intervalle entre eux & vous, vous qui daignez à peine jetter un regard fur ceux à qui vous aviez juré une amitié éternelle, vous qui méconnoiffez ceux qui partageoient autrefois vos plaifirs & vos peines, ceux dans le fein defquels vous dépofiez avec tant de confiance vos fecrets & les doux épanchemens de votre cœur, approchez du lit de ce généreux Prince, voyez comme il ferre tendrement la main de fon Ami, comme il l'appuie fur fon cœur, comme il a les yeux fixés fur lui; & apprenez que la différence des rangs doit ennoblir l'amitié & non la détruire (11).

Suger étoit l'ame du Confeil, l'homme de l'Etat & l'organe du Prince. Ses avis étoient regardés comme autant d'oracles. C'eft lui qui détermine le Confeil à conclure en faveur du mariage du fils du Roi, avec la Princeffe d'Aquitaine. L'affaire réfolue, le départ du jeune Prince réglé, Louis-le-Gros jette les yeux fur l'Abbé de Saint-Denys pour former fon Confeil avec deux des plus habiles Miniftres du Royaume. C'eft là la derniere marque de confiance qu'il donne à ce fidèle Ami. Ce Prince qui, comme un autre Hercule, avoit été occupé toute fa vie à purger la France de ces petits Tyrans & de ces monftres qui la défoloient, meurt plus accablé de travaux que

d'années. Le deuil universel dans lequel la
nation fut plongée à sa mort, vaut le plus
bel éloge. Personne n'en sentit plus vivement le coup que Suger. Sa grande ame
en fut ébranlée. Il ne pouvoit se consoler
de n'avoir point été le témoin de ses derniers
soupirs, de n'avoir point été le dépositaire
de ses dernieres volontés : ô qu'il auroit
desiré l'entendre pour la derniere fois pro-
férer le doux nom d'Ami ! Qu'il auroit desiré
recevoir les derniers témoignages de son
affection ! Que d'épanchemens de cœur !
que d'adieux tendres ! combien de fois ne
lui auroit-il pas recommandé les intérêts de
l'Etat, son Epouse & son Fils ! Combien de
fois ne l'auroit-il pas conjuré, au nom de
l'amitié qui les unissoit, de guider sa jeunesse !
Ne craignez point, généreux Prince, votre
image est gravée dans le cœur de Suger.
Jamais il ne vous oubliera. Ce qu'il auroit
fait pour vous, il va le faire pour votre
cher Fils.

La mort des Princes donne toujours
quelque secousse aux états. Tout s'agite
alors, tout est en mouvement. Ici c'est une
Cour toujours avide de nouvelles scenes,
qui s'observe, qui cabale & qui intrigue,
qui est impatiente de connoître le nouveau
Prince. Là un peuple toujours mécontent
de sa situation, toujours ennemi de son

repos & de sa tranquillité, toujours dupe des Grands, qui, par ses murmures, fournit des armes aux ennemis du Ministere. Tous les yeux se tournent alors vers ceux qui étoient en faveur. On est inquiet sur leur sort. L'esprit de faction se réveille, l'ambition forme des projets, l'envie qui avoit été forcée d'étouffer ses murmures & de ronger son frein en silence, éclate alors & exhale son poison.

La Cour de Louis-le-Gros étoit remplie de ces hommes dangereux, de ces esprits remuans & inquiets qui ne jouissent de leur existence qu'au milieu des troubles & des factions. Plusieurs Seigneurs s'étoient opposés au couronnement de son fils. Tous les Grands en général ne voyoient l'Autorité Royale prendre l'ascendant qu'avec un secret dépit. L'Abbé de Saint-Denys qui craignoit quelque soulèvement, revient promptement avec le nouveau Roi. L'esprit de révolte avoit déjà éclaté dans plusieurs endroits. Le Prince se voit forcé de sévir contre les Auteurs de la sédition ; mais cet acte de rigueur étoit nécessaire au commencement d'un regne. On en murmure, on se plaint, on compare le nouveau regne avec le précédent. Les Ministres, & sur-tout Suger, ne sont point ménagés dans les conversations ; mais dans ces momens de crise l'homme

d'Etat

d'Etat doit s'élever au-deſſus des reproches
& des murmures : ſa conſcience, la poſtérité, voilà ſes Juges.

Notre habile Miniſtre, qui venoit de braver les clameurs populaires pour le bien de
l'Etat, s'expoſe à la diſgrace du Prince pour
le même ſujet. Louis-le-Jeune, ſollicité par
ſon Epouſe, plein d'ardeur lui-même pour
la gloire & impatient de ſe ſignaler, vouloit déclarer une guerre injuſte au Comte
de Toulouſe. L'affaire eſt portée au Conſeil. L'Abbé de Saint-Denys y repréſente
l'injuſtice de cette guerre, les ſuites d'une
pareille démarche au commencement d'un
regne ſi elle eſt malheureuſe, la néceſſité
de bien débuter & de donner aux Princes
étrangers une opinion avantageuſe de ſa
Perſonne & de ſon Gouvernement. Il n'eſt
point écouté. Hélas! les Princes ne trouvent
malheureuſement dans leur Conſeil que trop
de gens plus jaloux de leur faveur & de
leurs bonnes graces, que de leur gloire &
de l'intérêt de l'Etat, de ces lâches Con-
ſeillers qui n'ont pas le courage de les contredire, qui, dans les opinions qu'ils donnent, ont toujours quelques vues ſecretes,
ſoit de jalouſie, ſoit d'ambition, ſoit d'intérêts, qui tiennent la vérité captive & qui
introduiſent l'adulation & la flatterie dans
un lieu d'où elle devroit être entiérement

L

bannie. La plupart des Membres du Conseil, qui vouloient faire leur cour au jeune Monarque, se rangent de son avis, & la guerre est conclue. Le mauvais succès de l'entreprise justifie pleinement Suger, augmente l'ascendant qu'il avoit déjà sur Louis-le-Jeune, & ne le rend que plus puissant auprès de lui. Le jeune Prince, instruit par la disgrace, ne se conduit plus que par ses avis. Il lui donne en toute occasion des preuves de son amitié & de son estime. Enfin Suger devient le favori du Prince. L'envie jouoit sans doute son rôle pendant ce temps-là ; mais elle n'osoit pas trop éclater. D'ailleurs le Ministre étoit trop sage, trop modéré & trop intégre pour abuser de sa faveur & lui donner de l'aliment.

Au milieu des embarras du ministere, Suger trouvoit encore des momens pour laisser des monumens à la postérité, pour se livrer à l'étude de notre histoire & nous en transmettre les événemens (12). On est sans doute étonné de voir tant de talens réunis dans un seul homme, de le voir tour-à-tour guerrier, négociateur, ministre, historien ; mais, dans un temps où toutes les connoissances étoient si confuses & si bornées, où tout étoit encore informe & dans le cahos, où l'art ne luttoit point, comme aujourd'hui, contre l'art, l'homme de génie étoit uni-

verfel ; fes regards inquiets fe portoient fur
tous les objets, parce que, dans une telle
confufion, il ne pouvoit démêler celui qui
lui étoit propre, & qu'un feul objet n'étoit
pas capable de le fixer. Supérieur à fon fié-
cle & ne craignant point de rivaux, il n'en
étoit que plus hardi & plus entreprenant.

Le caractere bouillant de Louis-le-Jeune
donnoit beaucoup d'occupation à Suger. Ce
fage Miniftre fe vit plufieurs fois obligé
d'éteindre l'incendie que l'ardeur du jeune
Prince avoit allumé (13) ; plût-au-ciel qu'il
eût toujours été docile à fes avis ! fa gloire
n'en feroit que plus pure. On fe fouviendra
toujours du maffacre de Vitri. C'eft un de ces
événemens tragiques qui font confignés dans
l'hiftoire en caracteres de fang, & qui, pour
l'honneur de l'humanité, devroient être en-
fevelis dans un éternel oubli. Faut-il que
les Princes trouvent fi facilement des miniftres de leur colere & de leur vengeance ?
Suger, par fon filence morne, par fon air
trifte & abattu, témoigna, au retour du
Roi, l'horreur qu'il avoit de cette barbarie.
Le courtifan, tout voué à la flatterie &
tout infenfible qu'il eft, en parut confter-
né ; mais les Princes ne reconnoiffent pas
fi aifément leurs torts ; ils font fi abfolus dans
leurs volontés, fi fiers & fi remplis d'amour-
propre, fi accoutumés à être flattés & ap-

plaudis dans toutes leurs actions : malgré le silence & la tristesse qui régnoit dans toute sa cour, cet esprit fier & emporté savouroit encore le plaisir de sa vengeance ; il fallut toute l'éloquence de l'Abbé de Clairvaux pour le terrasser & le faire rentrer en lui-même.

Louis-le-Jeune, aussi excessif dans son repentir, qu'il étoit emporté dans son ressentiment, forme le projet d'une croisade pour expier son crime. La nation, entraînée par l'éloquence de S. Bernard, adopte ce projet avec enthousiasme. La croisade est résolue (14) : Suger s'oppose lui seul au départ du Roi. Que de troubles vont s'élever dans votre absence, dit-il au Prince ! que n'avez-vous pas à craindre de la part d'un voisin inquiet & ambitieux ! le souverain arbitre des empires n'exige point que les Rois se transportent dans des régions éloignées pour expier leurs crimes. C'est en gouvernant sagement vos peuples, c'est en faisant des heureux, que vous effacerez la tache imprimée à votre nom par le massacre de Vitri ; les épines qui entourent le diadême, sont la pénitence des Rois....

Le jeune Monarque, déterminé à suivre son projet, est sourd à ces remontrances : il convoque un Parlement général pour régler ce qui concerne la croisade & le gouvernement de l'État en son absence ; il laisse à la nation le choix de celui qui doit le représenter.

O jour de triomphe pour Suger, jour à jamais mémorable dans nos fastes ! ce sage Ministre y reçoit le plus bel hommage qu'on puisse rendre au mérite & aux talens. On l'élit d'un commun accord Régent du royaume, & lui seul est étonné de ce choix. Que j'aime à voir d'un côté ce grand homme refuser constamment le fardeau qu'on veut lui imposer, & de l'autre la Nation persister avec opiniâtreté dans son choix. Je me représente alors ces anciens peuples qui élisoient leurs Chefs, & qui choisissoient le plus digne d'entr'eux pour les gouverner. O vous qui ne cherchez, dans les dignités, que l'éclat & la considération, vous dont l'ambition est toujours au-dessus du mérite, venez voir un grand homme qui est appellé à l'autorité suprême par le suffrage & le vœu de ses concitoyens, & qui craint encore de ne pouvoir pas répondre à leur confiance.

Jusqu'à présent Suger n'a gouverné que sous les yeux du Prince, il a toujours marché à l'ombre du trône ; mais le voilà maintenant dépositaire du sceptre. Le voilà, si j'ose m'exprimer ainsi, Roi lui-même. Tous les soins du gouvernement vont rouler sur

lui ; c'est en son nom qu'on va décider de
la fortune & de la vie des citoyens ; c'est à
ses pieds qu'on va rendre maintenant les
hommages qu'on doit au trône : il a dans
ses mains le sort d'un grand peuple. Quel
fardeau ! ce n'est pas sans frayeur que Suger
envisage la nouvelle carriere qu'il va parcourir. Il sent bien qu'il n'y porte point cet
air noble , cet extérieur imposant qui est si
nécessaire pour représenter , & qui est sur-
tout d'un si grand poids auprès d'une nation
guerriere ; mais il y porte une ame aussi
grande & aussi élevée , que son corps est petit, & sa complexion foible & délicate : il
sent bien qu'il n'y porte point ce nom illustre qui vous appelle aux plus hautes dignités , & qui , aux yeux du préjugé , vous rend
digne des plus grands emplois ; mais les talens, l'élévation de l'ame & la noblesse des
sentimens comblent l'intervalle que la différence des rangs met entre les hommes. Trente
ans d'expérience dans les négociations & les
affaires les plus importantes, une profonde
connoissance des hommes , un esprit étendu
& pénétrant , un jugement solide & un discernement sûr , une fermeté & un courage
intrépide ; voilà les titres de Suger à la dignité de Régent. Sa profession lui interdit ,
à la vérité, ce faste & cette splendeur qui
commande le respect & la soumission , qui

vous dérobe aux regards trop curieux du
peuple & qui cache votre médiocrité ; mais
il est doué de cette inclination généreuse &
bienfaisante, de ce ton insinuant & persuasif,
de cet air poli & affable, de ces manieres
nobles qui captivent tous les cœurs.

Je vois déjà Suger armé de l'autorité
royale. Le Prince, avant son départ, lui a
déjà dit : *Régnez à ma place.* Le premier
acte de la régence est un coup de vigueur (15). La réforme est introduite dans
une Maison puissante, qui, fiere de son crédit & de ses richesses, ne reconnoissoit aucune autorité. On veut porter atteinte aux
droits du Roi dans la collation des bé-
néfices, il les maintient avec la même vigueur.

Ce grand homme ne marche qu'au milieu
des troubles & des factions (16). Quoiqu'il
soit élu Régent par la Nation, quoiqu'il n'ait
que l'amour du bien public pour régle dans
son administration, l'envie frémit de rage
& cabale sans cesse pour traverser ses projets & se soustraire à son autorité. S'agit-il
de s'assembler pour délibérer sur les sommes
qu'on doit envoyer au Roi ? les esprits factieux ne se trouvent point aux assemblées.
Le Régent forme-t-il quelque projet avantageux ? soutient-il les droits de la Couronne ? protége-t-il le foible contre l'homme

puiſſant ? on le cenſure, on s'oppoſe à ſes vues, on multiplie les obſtacles pour faire échouer ſes entrepriſes. Suger, par un ſage tempérament de douceur & de ſévérité, concilie ces eſprits & les force de rentrer dans le devoir. L'honneur du Clergé paroît compromis, dans un concile convoqué en France par l'autorité du Pape, il le ſoutient avec cet air de dignité qui convient au dépoſitaire de l'autorité royale, ſans bleſſer le reſpect dû au Chef de l'Egliſe. Des troubles s'élèvent dans pluſieurs provinces. La prudence du Régent les appaiſe, & l'incendie eſt éteint juſqu'à la derniere étincelle.

Quelle attention dans cet habile Miniſtre, à faire fleurir la religion & les mœurs dans le Royaume! quelle délicateſſe ſur le choix des ſujets pour remplir les dignités eccléſiaſtiques! quel zèle pour le maintien de la diſcipline & la réforme du Clergé! quelle vigilance, quelle fermeté dans la réforme des abus & dans l'adminiſtration de la Juſtice! quelle intégrité dans la diſtribution des emplois! En ne récompenſant que le mérite & les ſervices, il enchaîne les hommes en place à leur devoir. Fidèle à ſon Dieu, fidèle à ſon Prince & à ſa Patrie, il ſait allier le zèle pour la gloire & l'honneur du premier, avec les ſoins & les embarras du gouvernement.

Infortunés, qui gémissez sous le poids de l'oppression, vous portez par-tout vos regards, vous cherchez par-tout un asyle contre vos persécuteurs ; eh ! venez , venez vous réfugier au pied du trône : portez-y vos plaintes & vos larmes. Suger s'est déclaré spécialement votre protecteur , il va les essuyer ; déjà il s'arme du glaive redoutable des loix pour vous venger : déjà il est prêt à lancer la foudre sur l'injuste oppresseur.

C'est sur-tout à l'égard des grands qu'il déploie tout le pouvoir qui lui est confié. Ce sage Politique , persuadé que les moindres atteintes portées à l'autorité , quand, elles sont impunies, ont toujours des suites funestes , qu'une administration , pour être tranquille & heureuse , doit sur-tout être ferme, ce sage Politique , dis-je , étoit très-jaloux de ce précieux dépôt. Tout plioit sous lui jusqu'aux Princes du Sang. Les grands du Royaume ne lui parloient & ne lui écrivoient que de la maniere la plus respectueuse.

Raoul , Comte de Vermandois & premier Prince du Sang , vouloit appuyer une entreprise injuste ; l'Abbé de S. Denys s'y oppose d'abord par la voie de la persuasion ; le Prince ne l'écoute point : Suger prend un autre ton , parle en Régent du Royaume &

L v

se fait obéir. Le duc de Normandie ne veut point se rendre aux ordres du Régent dans une circonstance où il devoit se trouver en qualité de vassal de la Couronne ; Suger, qui ne faisoit jamais gronder le tonnerre que lorsque les voies de la persuasion & de la douceur étoient inutiles, emploie d'abord les prieres, il parle ensuite en maître, & sur une simple menace, il fait venir le fier vassal. Il falloit avoir bien de l'ascendant sur les esprits pour les dominer jusqu'à ce point-là dans un temps sur-tout où l'autorité royale étoit chargée d'entraves.

L'esprit de Suger qui étoit toujours occupé des plus grands objets de la politique & du gouvernement, ne dédaignoit pas de s'abaisser jusqu'aux plus minces détails. Après avoir porté ses regards sur la vaste étendue du Royaume & sur les Etats voisins, il s'occupoit de vues économiques. Le maniement des finances qui exige un travail pénible & obscur, des détails minucieux, des calculs secs & arides, une vigilance & une attention continuelle sur la conduite des subalternes, étoit une des parties dans lesquelles il brilloit le plus. Il portoit, dans l'administration des revenus de l'Etat & des domaines du Prince, l'exactitude de l'économie domestique sans rien retrancher du faste & de la splendeur du trône. Ce n'étoit plus

alors ce fameux Miniſtre qui, par la puiſſance de ſon génie, faiſoit mouvoir à ſon
gré les reſſorts de l'Etat; c'étoit un bon pere
de famille environné de ſes domeſtiques, occupé de la culture de ſes terres & de l'ac-
croiſſement de ſes revenus.

L'univers pouvoit-il être témoin de ces
merveilles ſans y prendre part ? la renommée qui publie avec tant d'empreſſement
& d'appareil les exploits guerriers, pouvoit-
elle ſe taire ſur une adminiſtration auſſi
belle & auſſi ſage? non, Suger avoit trop
de droits à l'eſtime & à l'admiration de ſes
ſemblables. Ici ce ſont des étrangers (17)
qui s'exilent volontairement de leur patrie
pour être témoins de la ſageſſe de ſon gouvernement ; qui trouvent tout ce que la
renommée en publie au-deſſous de ce qu'ils
voient : là ce ſont des Princes qui le choi-
ſiſſent pour arbitre de leurs différends (18) :
j'en vois d'autres rechercher avec empreſſement ſon amitié & lui envoyer des Am-
baſſadeurs comme à une Tête couronnée.
Le Régent, au milieu de ſa gloire, eſt
dans une défiance modeſte qui le laiſſe à
peine jouir du bonheur qu'il procure aux
autres.

Pendant que Suger étoit en ſpectacle à
tout l'univers, pendant qu'il apprenoit aux
Princes à régner, qu'il étoit également ai-

né, craint & honoré dans tout le Royaume; la victoire ne fuivoit pas les drapeaux de Louis. La gloire de la France fembloit s'être fixée autour du Régent. Le jeune Monarque venoit de perdre l'élite de fes troupes avant que d'entrer en Syrie. Quelques efprits factieux & jaloux de la gloire du Régent, exagèrent ce mauvais fuccès, pour jetter le trouble & la confufion dans l'Etat. Cet habile Miniftre prévient leurs complots, prend les mefures les plus fages pour maintenir l'ordre & la tranquillité, & conferve fon autorité par fa prudence & fa fermeté.

Les éloges & les applaudiffemens qu'on lui donnoit, ne le raffuroient point : il trembloit toujours pour l'Etat. La fermentation des efprits, le mécontentement général, un Roi abfent & fans héritiers, un Royaume épuifé d'argent & dénué de troupes, la perte d'une grande partie de la Nobleffe, l'ambition des grands vaffaux de la Couronne, qui ne fupportoient le joug qu'avec peine, le voifinage de l'Anglois, toujours difpofé à profiter de nos troubles & de nos divifions, tout lui infpiroit les plus vives alarmes. C'eft alors qu'il ramaffe toutes les forces de fon ame & qu'il déploie toute l'énergie de fon caractere. Il fait face à tout : il leve des troupes pour la fûreté du Royaume, mais avec tant de fecret & d'adreffe, qu'il ne porte aucun ombrage ni à l'étranger ni aux vaſſaux de la Couronne. Il envoie des ſecours d'argent au Roi ſans vexer ſes ſujets & ſans exciter aucun murmure. Pour calmer les inquiétudes du peuple toujours prompt à s'alarmer, il fait ſemer adroitement quelques nouvelles favorables ; il le diſtrait & tourne ſon attention vers d'autres objets.

La France étoit tranquille au-dedans & au-dehors par la prudence & la fermeté du Régent ; mais ce calme dura peu. Robert, comte de Dreux, frere du Roi, revient, accompagné de pluſieurs ſeigneurs ; nouveaux embarras pour Suger. Ce jeune Prince, naturellement inquiet & turbulent, plein de lui-même, & opiniâtre dans ſes réſolutions, mépriſoit ſon frere & ſe croyoit plus digne du Trône que lui. Les eſprits étoient fort indiſpoſés contre le Roi par le malheureux ſuccès de la Croiſade (19.) Au lieu de les appaiſer, il profite de leur mécontentement & fait éclater ſes vues d'ambition : déjà ſes partiſans triomphent & lèvent une tête altiere ; déjà ils croient voir la couronne poſée ſur la tête de leur Chef. Tout tendoit à une révolte générale. Pour réprimer leur orgueil, le Régent convoque les Etats généraux. C'eſt dans cette aſſemblée qu'il dévoile hardiment les projets ambitieux du frère du Roi & fes complots contre l'état ; il fe dévoue généreufement à la mort pour le falut de la patrie ; il oppofe un front d'airain à l'audace des rébelles & confond leur orgueil. *Oui*, dit ce grand homme, *oui, ma vie n'eft rien ; je fuis prêt à la facrifier pour le repos de l'Etat & les intérêts de mon Roi : il m'a confié fon fceptre ; fallût-il tout mon fang pour conferver ce précieux dépôt, je fuis prêt à le verfer.* Ces paroles prononcées avec un air de dignité & de majefté, animent toute l'affemblée. Le comte de Dreux, auteur de tous les troubles, eft forcé de faire publiquement une fatisfaction proportionnée à fa faute, & Suger eft confirmé dans fa dignité. Le jeune Prince & fes partifans, qui venoient d'être humiliés & confondus, fortent de l'affemblée, la haîne & la rage dans le cœur, en jurant la perte du Régent ; mais l'ange tutélaire de la France le couvroit de fes ailes & veilloit fur fes jours. Défefpérés de ne pouvoir lui arracher la vie, ils prennent le parti de noircir fa réputation & de rendre fa fidélité fufpecte au Roi.

Pendant que la calomnie fiffloit autour de lui, Suger, comme un mur d'airain, s'oppofoit à tout ce qui pouvoit troubler le repos de l'Etat. Le comte de Dreux venoit d'appeller en duel le jeune comte de

Champagne. Le jour du combat étoit marqué ; le sang royal, qui ne doit couler que
pour la patrie, alloit être versé dans une
querelle particuliere : le Régent interpose
son autorité & arrête la fureur des deux jeunes Princes.

C'est-là le dernier coup d'autorité de
Suger dans sa régence. Le Roi, à qui on
avoit rendu sa conduite suspecte, crut alors
sa présence nécessaire dans ses Etats ; il hâte
son retour ; mais ses soupçons s'évanouissent
avant que d'entrer dans le Royaume ; le Pape
lui fait un portrait si avantageux de l'administration de l'Abbé de S. Denis, qu'il n'en conçoit
que plus d'estime pour son Ministre. Pour
expier ses soupçons, il lui écrit la lettre la
plus flatteuse qu'un Souverain puisse écrire
à un sujet. C'est un de ces monumens que
l'histoire doit conserver précieusement dans
ses fastes. Le Prince, dans cette lettre,
l'appelle son ami ; il lui témoigne l'empressement qu'il a de le revoir & de l'embrasser.

Allez, fidèle Ministre, allez recevoir les
embrassemens de votre Souverain : allez
entendre de sa bouche votre éloge : allez
lui remettre un sceptre qu'on s'est efforcé
d'avilir, mais dont vous avez même aug-
menté la splendeur. Montrez-lui ce front
sillonné : ces cheveux blanchis, ce corps

épuifé par les travaux : vous avez affez combattu pour l'Etat, il eft temps que vous jouif-
fiez des honneurs du triomphe.

Quel fut l'étonnement de Louis, à fon
retour, en voyant fon Royaume dans un
état plus floriffant qu'il ne l'étoit à fon départ ! les frontieres en fûreté, les places
bien fortifiées, les maifons royales réparées
avec magnificence, l'ordre dans les finances
& les domaines du Prince, les loix en vigueur, la difcipline de l'Eglife bien obfervée, la paix au-dedans & au-dehors, tout
confpiroit à faire l'éloge de la Régence de
Suger. Le Prince, dans les tranfports de
fa reconnoiffance & de fon admiration, s'é-
crie qu'il eft le *Pere de la Patrie.* Ce
glorieux nom vole de bouche en bouche
d'une extrémité du Royaume à l'autre : le
peuple ne l'appelle plus que fon pere & fon
libérateur. Tout le monde comble Suger
d'éloges, & ce grand homme n'en a pas
une plus haute opinion de lui-même ; il fe
cache dans fes plus brillantes entreprifes pour
en laiffer toute la gloire à fon Roi.

Comme l'éclat des honneurs n'éblouiffoit
point l'Abbé de S. Denys, il rend fans
peine à fon Souverain un fceptre qui étoit
arrofé de fes fueurs. Ce Miniftre fe croit
au terme de fes travaux ; mais les grands
hommes font des victimes dévouées au bien

public. La France avoit encore befoin de
fes lumieres & de fes talens. Sans avoir le
titre de Régent, il en a toute l'autorité ;
Louis femble n'avoir confervé que le nom
de Roi, l'Abbé de S. Denys en fait les fonctions : la paix, la guerre, les finances, la
police eccléfiaftique & civile, enfin tous les
grands objets de l'adminiftration publique,
font renvoyés à fon tribunal : c'eft lui qui
décide des affaires les plus difficiles & les plus
importantes : c'eft à fes pieds qu'on porte fes
griefs & fes plaintes.

Une guerre qui ne pouvoit être que fu-
nefte à l'Etat, eft prête à s'allumer entre le
Roi & le duc de Normandie ; l'Abbé de
S. Denis, par fon crédit & fon habileté, concilie les efprits & tout eft pacifié.

Louis médite la diffolution de fon mariage avec Eléonore d'Aquitaine ; fon habile
Miniftre prévoit toutes les fuites de cette
démarche, & s'y oppofe de toutes fes forces. Cette affaire n'eft conclue qu'après fa
mort.

Que de fang vous auriez épargné à la
France & à l'Angleterre, fi vous euffiez vécu
plus long - temps, fage politique ! que de
femences de guerres & de divifions étouffées ! nous n'aurions pas vu l'ennemi de l'Etat
triompher dans la Capitale : nous ne l'aurions point vu orgueilleufement affis fur le

trône de nos Rois. Cette rivalité qui vient encore d'armer deux nations faites pour s'aimer & s'estimer, n'auroit peut être jamais éclaté…ah! il est des hommes qui devroient être immortels.

Semblable à un brave guerrier, qui ne sort de la mêlée que quand il est tout-à-fait hors de combat, Suger ne cesse d'être utile à la France que lorsqu'il est réduit à faire des vœux pour elle. Son corps languissant & épuisé de travaux, n'étoit soutenu depuis quelque temps que par la force de son ame; une fievre lente consumoit peu-à-peu la victime; enfin Suger meurt…. A cette triste nouvelle, la France est dans un deuil général; le Roi pleure un mentor & un ami, le peuple, un protecteur & un pere, l'ordre monastique, son ornement & sa gloire, la religion, un de ses plus fidèles ministres. Sa mort est une calamité publique; de tous côtés on n'entend que des soupirs interrompus par ces mots: *Le pere de la patrie est mort….*

C'est le titre auquel vous devez aspirer, Princes, Ministres, hommes d'Etat. Si vous voulez avoir des droits à la reconnoissance publique, si vous voulez mériter les regrets & les larmes des peuples, portez la Patrie dans vos cœurs, dévouez-vous au bien public, consacrez-lui vos travaux & vos veilles.

Que chaque inſtant de votre vie ſoit marqué par un ſervice rendu à l'Etat. La gloire
n'eſt dûe qu'aux hommes bienfaiſans. Soyez
ſenſibles à la miſere du peuple ; adouciſſez
ſon ſort : c'eſt à lui ſur-tout que vous devez votre protection & vos ſoins. Votre nom
ſera gravé alors dans tous les cœurs. La poſtérité ne le prononcera qu'avec un atten-
driſſement mêlé de reſpect & d'admiration.

O ! vous que l'ordre de la ſociété ſemble
condamner à l'obſcurité, vous qui n'avez
point d'autres titres que votre mérite &
vos talens, ne craignez point d'entrer dans
la carrière de l'honneur, la naiſſance ne
donne point un droit excluſif à la gloire &
aux dignités. Avec du génie, avec une ame
forte & élevée, on peut y prétendre. Ani-
mez-vous à la vue du grand homme dont
nous célébrons la mémoire. Forcez, comme
lui, le préjugé à rougir de ſon injuſtice par
une longue ſuite de belles actions & de
travaux glorieux. Votre nom, tout obſcur
qu'il eſt, ſera placé parmi les noms les plus
fameux & les plus illuſtres.

N O T E S.

(1) **I**L SEROIT à ſouhaiter que ces exemples fuſſent plus fréquens ; mais il en eſt de
ces hommages rendus au mérite comme des

priviléges qu'on accorde aux citoyens qui font chargés d'une famille extraordinairement nombreuſe. Les uns & les autres font ſi rares qu'ils ne peuvent opérer l'effet qu'on en attend.

(2) Dans ces temps d'ignorance & de barbarie, les peres avoient le droit de conſacrer leurs enfans à l'état Religieux. C'eſt ainſi que ſe faiſoit cette conſécration : Après que l'Abbé avoit agréé l'enfant, ſes parens en faiſoient une donation par écrit, dans laquelle ils promettoient à Dieu *ſtabilité dans le monaſtère pour leur fils, converſion de mœurs, & obéiſſance.* Ils s'obligeoient, de plus, de ne jamais rien donner à cet enfant de leurs biens, ni directement, ni indirectement. Le contrat ainſi dreſſé, on ſe rendoit à l'Egliſe, au moment de la célébration des ſaints Myſtères : on faiſoit approcher la victime de l'autel. Pour lui faire ratifier l'acte de ſon ſacrifiee, on enveloppoit ſa main, ſa promeſſe avec le pain & le vin deſtinés pour la Meſſe. Cette offrande étoit quelque choſe de ſi inviolable, qu'il n'étoit plus permis à l'enfant de rentrer dans le monde. Cette coutume, toute barbare qu'elle étoit, ſubſiſta long-temps, & ne fut abolie que par degrés ; tant il eſt difficile de déraciner des abus que la Religion & leur antiquité ſemblent avoir conſacrés.

(3) L'Abbaye de S. Denys, où Suger fut consacré à l'état religieux, n'étoit pas alors une école de vertu. Le relâchement s'y étoit introduit avec l'opulence. On n'y trouvoit plus aucune trace de cette simplicité & de cette pauvreté évangélique qui est le plus bel ornement de l'état monastique.

(4) Les affaires les plus épineuses, les projets les plus vastes, les entreprises les plus difficiles, en un mot tout ce qui a rapport au grand art de gouverner étoit l'objet ordinaire de ses réflexions & de ses conversations. Il voyoit déjà avec la plus grande sagacité les obstacles, & à côté des obstacles les moyens de les surmonter. Il se supposoit dans les situations les plus critiques, dans les conjonctures les plus délicates, & il cherchoit les moyens les plus propres pour en sortir avec honneur. C'est ainsi qu'il se formoit dans la théorie d'un art profond & sublime qu'il devoit exercer dans la suite avec tant de gloire & de succès.

(5) Pour son coup-d'essai, le jeune Suger fut en butte à la contradiction. Les grands hommes ne peuvent s'accoutumer trop tôt aux obstacles & aux difficultés. Il alloit complimenter le Pape au nom de son Abbaye. La commission étoit honorable & gracieuse; mais il trouva l'Evêque de Paris, qui lui fit de vifs reproches en présence du Souverain Pontife & de sa Cour, sur la con-

duite de son Abbé & de ses confreres, sur leur esprit d'indépendance & leur ambition. Suger, naturellement ferme & décidé, ne s'étonna point : il justifia ses confreres aussi solidement qu'on pouvoit le faire dans la circonstance. S'il n'eût pas l'avantage de plaider la bonne cause, il montra du-moins qu'il méritoit d'en être chargé par la maniere dont il en défendoit une mauvaise.

(6) Parmi les Seigneurs factieux & perturbateurs du repos public, qui désoloient alors la Monarchie, le Baron du Puiset se signaloit le plus par ses excès & ses brigandages. Personne n'étoit à l'abri de ses violences & de ses concussions. Il ravageoit toutes les terres voisines de son domaine. C'étoit d'ailleurs un homme aussi artificieux que brave, nourri & élevé dans les combats, toujours en guerre avec ses voisins, accoutumé à lutter contre l'autorité royale, maître d'une forteresse devant laquelle les armes du Souverain avoient déjà échoué. Philippe premier, pere de Louis-le-Gros, avoit été forcé d'en lever honteusement le siege.

(7) On peut regarder l'élection de Suger à l'abbaye de S. Denys, comme l'époque de sa grandeur & de son élévation. Sa nouvelle dignité étoit alors une des plus importantes du Royaume : elle lui donnoit entrée au conseil de nos Rois. Il avoit un grand nombre de vassaux, & il jouissoit d'un revenu

considérable. L'abbaye de S. Denis étoit la première du Royaume, tant pour ses richesses, que pour l'étendue de ses priviléges. Nos Rois en étoient les protecteurs-nés ; son voisinage de la Cour & de la Capitale, lui donnoit encore un nouveau lustre : c'étoit l'école où l'on élevoit les enfans de la plus haute noblesse & même les fils de France : c'étoit le mausolée de nos Rois & des Princes de leur sang.

(8) Ce Concile avoit été convoqué pour l'affaire des Investitures. Suger ne fut point inutile à son Souverain dans cette grande assemblée : il l'engagea à s'opposer fortement à un canon qui portoit atteinte aux droits de sa Couronne, & qui fut réformé ; il lui conseilla aussi de ne point donner les mains à l'excommunication lancée contre l'Empereur dans ce Concile. Louis-le-Gros n'eut pas pour cet avis la même déférence qu'il avoit eue pour le premier ; il en reconnut l'importance dans la suite, & n'en conçut que plus d'estime pour Suger.

(9) Voilà Suger, de religieux, devenu guerrier ; métamorphose assez ordinaire dans ces temps de confusion & d'anarchie, où l'ignorance, la licence des mœurs, l'esprit d'indépendance, le mépris des régles & de la discipline s'étoient introduits dans tous les états.

(10) Charles-le-Bon, comte de Flandre, qui venoit de se signaler par le refus géné-

reux de deux couronnes , celle de Jérusa-
lem & la dignité impériale , l'honora de son
amitié & de son estime , après cette négociation importante. Le commerce des hommes
vertueux ressemble à ces parfums précieux
qui laissent une odeur de vie dans les lieux
où on les brûle ; il nous rappelle tôt ou
tard à la vertu. Suger en fit l'heureuse expérience. Les bons exemples de ce généreux
Prince & ses sages avis influerent beaucoup
sur sa conversion.

(11) Suger étoit sur le point de se reti-
rer dans son abbaye , lorsque la disgrace du
Sénéchal Etienne de Garlande l'engagea plus
que jamais dans les affaires. Ce favori réunissoit sur sa tête les dignités de Chancelier,
de Sénéchal & de premier Ministre ; l'Abbé
de S. Denis , sans en avoir les titres , fut obligé d'en faire les fonctions.

(12) C'est par l'affranchissement des serfs ,
par l'introduction du droit d'appel des justices seigneuriales aux justices royales , par
l'établissement des communes & des jurif-
dictions municipales , que Suger commence
à rendre à l'autorité royale son pouvoir &
son influence. Il faut avouer que les Garlande qui l'avoient précédé dans le ministere , lui avoient frayé la route & avoient
déjà fait des tentatives pour détruire l'anarchie féodale ; mais l'Abbé de S. Denys a la
gloire d'avoir étendu leurs vues & d'avoir

perfectionné

perfectionné leur plan de réforme: c'est par-
là qu'il mérite une place distinguée parmi
les défenseurs du trône & les restaurateurs
de l'autorité royale.

(13) Suger eut la consolation de voir son
Prince & son ami rendu à sa tendresse &
aux vœux de la France. Il l'accompagna à
l'Abbaye de Saint-Denys, où il alloit remer-
cier Dieu de sa guérison. Ce fut plutôt une
marche triomphante qu'un voyage. On ac-
couroit de toutes parts pour témoigner au
Prince la joie qu'on avoit de sa convales-
cence. L'air retentissoit d'acclamations & de
cris d'alégresse. Quel spectacle ! voir d'un
côté tout ce peuple qui se pressoit autour
de son Prince, qui ne se lassoit point de
le regarder, qui se croyoit trop heureux
d'en avoir reçu un coup-d'œil, qui répétoit
sans cesse ces mots : *béni soit Dieu qui nous
a rendu notre bon Roi* ; & de l'autre, le
Prince faire accueil à tout le monde, recevoir tout ce peuple avec cet air de bonté,
& d'affabilité qui tempere si bien la Majesté
du Trône ! Dans cette marche lente, Louis
goûtoit à longs traits le plus grand plaisir
que puisse offrir le diadême. Suger n'étoit
pas insensible à ce spectacle. Il partageoit la
joie du Prince avec d'autant plus de satisfaction, que les cris d'alégresse du peuple étoient
la fidèle expression de ses sentimens pour sa
Personne, & l'éloge le plus flatteur de son administration.   M

(14) Suger a donné l'idée des grandes chroniques de S. Denys, ouvrage utile pour le connoissance de notre histoire ; & c'est sous ses yeux qu'on les a commencées. Nous lui devons aussi une vie de Louis-le-Gros, qui est plutôt un éloge qu'une histoire, & des lettres : c'est sur-tout dans la vie de Louis le-Gros qu'on peut le juger comme écrivain. Elle offre de temps-en-temps des traits d'imagination ; le style, tout dur & tout barbare qu'il est, ne manque point de force & d'énergie ; les citations des anciens poëtes & d'autres auteurs de l'antiquité dont elle est remplie, prouvent que Suger avoit l'esprit orné ; mais on est fâché d'y voir en même-temps que ce grand homme n'est pas toujours au-dessus des préjugés de son siécle. En qualité d'écrivain, il est très-inférieur à S. Bernard & à Abailard.

(15) Pendant qu'il préside à la construction d'un édifice, & qu'il est occupé à rebâtir l'église de S. Denys, la France se voit à la veille d'être le théâtre d'une guerre sanglante entre le Roi & le comte de Champagne. Le jeune Souverain étoit déjà entré à main armée dans les Etats du Comte. Les auteurs de la querelle, qui n'en prévoyoient pas les suites, ont recours à l'Abbé de S. Denys pour l'appaiser. Quand tout est en feu, on s'adresse alors aux esprits modérés & pacifiques pour éteindre l'incendie.

(16) On voulut donner à S. Bernard le commandement de l'armée des croisés ; mais il le refusa prudemment. Le rôle que Pierre l'Hermite avoit joué dans la premiere croisade étoit une leçon pour lui.

(17) Les Chanoines, qui occupoient alors l'Abbaye de Sainte Géneviève , menoient une vie scandaleuse : à la faveur du crédit & des richesses dont ils jouissoient , leurs désordres étoient impunis ; ils ne reconnoissoient aucune autorité. L'Abbé de S. Denys entreprend d'y mettre la réforme , & il en vient à bout par sa patience & sa fermeté.

(18) Le Régent ne sortoit pas plutôt d'un embarras qu'il rentroit dans un autre. Plusieurs Seigneurs avoient profité de l'absence du Monarque pour envahir les biens des monasteres : les revenus de plusieurs églises qui se trouvoient sans pasteurs, étoient devenus la proie de leur cupidité. Cette contagion pouvoit se répandre dans tout le Royaume ; mais Suger toujours vigilant, toujours attentif à ce qui se passoit , réprime la cupidité sans effusion de sang.

(19) L'évêque de Salisburi & plusieurs autres étrangers également distingués par leur naissance & leur mérite personnel, viennent en France pour être témoins de la sage administration de l'Abbé de S. Denys, & retournent dans leur patrie avec les plus grands sentimens d'estime & de vénération pour ses talens & ses vertus.

(20) Henri II, Roi d'Angleterre, avoit tant de confiance dans les lumieres & l'intégrité de Suger, qu'il le choisit pour Arbitre d'un différend qui s'étoit élevé entre lui & les Grands de son Royaume. David, Roi d'Écosse, qui ne le connoissoit que par la voix de la Renommée, lui envoya des Ambassadeurs pour demander son amitié.

(21) Ces guerres éloignées n'étoient propres qu'à faire naître une antipathie & une haîne irréconciliable entre les Chrétiens & les Musulmans. L'homme est déjà assez porté à la vengeance, faut-il encore qu'il y soit excité par un motif religieux?

(22) Au milieu de ses grandes occupations, l'Abbé de Saint-Denys trouvoit encore des momens pour édifier ses Religieux; & quand il ne le pouvoit pas par lui-même, il se faisoit remplacer par des hommes exemplaires. Il savoit veiller en même temps sur le Royaume & sur son Abbaye. Dans la Religion comme dans la politique, c'étoit le même esprit d'ordre, la même élévation d'idées. Magnificence dans le culte, décence & dignité dans les cérémonies, solidité dans les exercices de piété, régularité sans austérité & sans minuties, tout étoit marqué chez lui au coin de la grandeur.

F I N.